Luis
Rojas Marcos

La ciudad y sus desafíos
Héroes y víctimas

Espasa Calpe

Espasa Hoy

Dirección: Javier de Juan
Editora: Pilar Cortés

Diseño y cubierta: Talía Hormigo Ahumada/PUBLYCO

Depósito legal: M. 39.204–1992
ISBN 84–239–7701–3

Impreso en España
Printed in Spain

Talleres gráficos de la Editorial Espasa-Calpe, S. A.
Carretera de Irún, km. 12,200. 28049 Madrid

Índice

Para la ciudad de Nueva York, donde vine en busca de conocimiento y de fortuna, y me encontré con gente maravillosa, retos insospechados, miles de héroes desconocidos, y conmigo mismo.

Agradecimientos

Varios amigos y familiares me han ayudado en este proyecto, haciéndome sugerencias valiosas para clarificar las ideas o compartiendo sus sentimientos y experiencias. Mi sincero reconocimiento para Beatriz Larios, Mario Rendón, Manuel Trujillo, Amanda Mata, Susana Limón, mi hija Laura y mi madre.

Esta obra, sin embargo, no hubiera sido posible sin la colaboración y el aliento constante de Paula Eagle, Mercedes Hervás y Gustavo Valverde. Para cada uno, mi más profunda gratitud.

Mi agradecimiento especial para el diario madrileño *El País,* y en particular para Ángel S. Harguindey, redactor jefe de la sección de Opinión, donde he publicado muchas de las ideas que expongo en este libro.

Prólogo

> La vida es corta, el arte duradero, la crisis efímera, la experiencia arriesgada, y la decisión difícil.
>
> Hipócrates, *Aforismos,* 400 a. C.

La vida es una sucesión de desafíos que se plantean como reflejo inevitable del continuo progreso de la humanidad. Aunque nunca se ha vivido tanto ni tan democráticamente como ahora, y el hombre y la mujer disponen hoy de una mayor variedad de opciones y caminos para buscar el bienestar y la felicidad, no cabe duda de que la existencia se torna cada día más compleja. Este libro trata precisamente de los retos más espinosos que se alzan en estos tiempos ante los seres humanos, en el medio donde todas sus virtudes, capacidades y flaquezas son puestas constantemente a prueba: las grandes ciudades.

Para poder elegir la posición en que se sienten seguros y realizados, el hombre y la mujer de la urbe deben dar la cara y comprender a fondo los dilemas que se van cruzando en su camino, como paso previo a examinar libremente sus alternativas y pronunciarse o tomar partido. En mi experiencia, una aproximación donde prime la búsqueda de conocimiento, el talante flexible, el candor y, sobre todo, la *empatía* —la capacidad de ponernos en el lugar de la otra persona o de vivenciar genuinamente la realidad ajena—, ayuda a vencer nuestras defensas narcisistas, a superar los conflictos y a evitar el absolutismo, la desidia o la desesperación nihilista.

La adopción de una actitud *empática,* compasiva, racional y tolerante no sólo es positiva para nosotros mismos, puesto que puede también servir de guía a nuestros hijos cuando tengan que enfrentarse con los retos aún mayores que seguramente les depare el futuro.

Entre las grandes ciudades de nuestro tiempo quizá sea Nueva York la que mejor concentra y resume los desafíos que plantea hoy la vida urbana. Esta extraordinaria megalópolis de unos ocho millones de habitantes, donde conviven múltiples razas, culturas y lenguas, ha sido descrita poéticamente como el amanecer de la primera ciudad universal, un vibrante mosaico de gentes y etnias diversas. Pero al mismo tiempo, Nueva York se muestra también como una especie de jungla de asfalto, la meca del crimen más brutal y de la violencia sin sentido, de días estresantes y noches aterradoras, plagada por la miseria humana más devastadora y las tensiones sociales más explosivas.

Polifacética, controvertida y dispuesta a todos los excesos, esta gran ciudad de contrastes, de héroes y de víctimas, es el epicentro del materialismo craso y aplastante, pero también es el frente de la civilización, el eje universal de la innovación y la creatividad, el paraíso de las libertades personales, de las esperanzas sin límite, de las aspiraciones y de las oportunidades.

Como diario y curioso observador del latir de este arquetipo urbano que es Nueva York, intento en estas páginas analizar una serie de arduos retos y dilemas que plantea con especial intensidad la vida moderna de la urbe. Aunque los desafíos que describo son múltiples —las nuevas relaciones, el divorcio, el aborto, la vejez, el culto al cuerpo, la homosexualidad, la violencia, las drogas, el sida, la eutanasia o el racismo—, y afectan a aspectos diferentes de la vida, todos se producen en el mismo momento histórico y tienen un denominador común: el profundo conflicto personal que provocan. Porque la inevitabilidad de tener que elegir entre deseos y valores encontrados, entre medios y fines que se sobreponen y se confunden, entre caminos cuyos destinos se desconocen, hace dura y difícil la búsqueda de la realización y la felicidad.

Aunque las encrucijadas que abordamos a lo largo de la vida sean a menudo angustiosas y complejas, a la postre nos enriquecen, nos enseñan y nos ayudan a crecer y a ser mejores, porque nos fuerzan a conocernos, a acercarnos a los demás y a elegir entre múltiples alternativas.

Con su ritmo, su arquitectura, sus libertades, sus opciones, sus peligros, sus contradicciones y sus relatividades, la vida urbana pone a prueba hasta el límite la valentía del hombre y la mujer de nuestro tiempo frente a sí mismos, a la sociedad y a su continuidad existencial, por lo que no resulta exagerado afirmar que la ciudad con sus desafíos es el factor determinante del destino del hombre y de la mujer de hoy.

1. La ecología urbana

> La ciudad se configuró al principio como la casa de un dios: un lugar donde se mostraban los valores eternos y se manifestaban los poderes divinos. Si bien estos símbolos han cambiado, las realidades que representan todavía perduran.
>
> Lewis Mumford, *La ciudad en la historia,* 1961.

Los hombres y las mujeres piensan, sienten y se comportan de forma diferente en el medio urbano que en las zonas rurales. En todo momento, la metrópoli establece un profundo contraste con la vida en el campo y extrae del hombre y de la mujer un nivel superior de conciencia. Esta observación es tan antigua como las mismas ciudades y sigue siendo vigente hoy, pues la ecología psicosocial de la urbe, con su libertad, sus opciones y su ritmo, intensifica el conocimiento y las vivencias del hombre y la mujer contemporáneos. Al mismo tiempo, aviva y acentúa en la persona los conflictos y dilemas sobre su propia identidad, su papel en la sociedad, su supervivencia, su autorrealización y sobre el significado de su existencia.

A lo largo de la Historia, el mundo ha experimentado un proceso de urbanización progresiva. En la actualidad, los demógrafos calculan que alrededor del 50 por 100 de la población del Globo vive en áreas metropolitanas, aunque en ciertos países europeos esta proporción sobrepasa ya el 75 por 100.

Se piensa que las primeras ciudades surgieron hace unos 6.000 años en la lejana Mesopotamia, en los fértiles valles situados entre los ríos Tigris y Éufrates, al sur de lo que hoy es la ciudad de Bagdad, la capital de Irak. Esta tierra próspera no sólo proporcionó abundante agua y alimentos a los primeros ciudadanos del planeta, sino que, más importante aún, estimuló la convivencia y la vida social entre ellos, impulsó su desarrollo cultural y, por último, fecundó la ecología urbana y la civilización. Paradójicamente, numerosos profetas han identificado esta región mítica con Harmagedon, el lugar donde se dice que un día acaecerá la destrucción apocalíptica de la humanidad. Los acontecimientos dramáticos de los últimos años en esta zona del mundo, que culminaron con la devastadora guerra del golfo Pérsico de 1991, quizá corroboren el potencial de la región para sufrir cataclismos humanos.

La ecología urbana engloba, por un lado, la arquitectura, las piedras y el cemento, y por otro, las emociones, las ideas y los rituales. Ciertos pensadores consideran que la personalidad del hombre y la mujer de la metrópoli es consecuencia de la vida singular de la ciudad, mientras que otros argumentan lo opuesto, es decir, que la vida en la urbe es precisamente el resultado del carácter de los hombres y mujeres que la habitan. En realidad, la sustancia de la capital es ambas cosas: la naturaleza idiosincrásica de sus ciudadanos y el medio único en el que viven y con el que se relacionan e identifican. Esta extraordinaria combinación constituye el instrumento por excelencia de desarrollo, cambio y renovación del ser humano.

La aparición de la ciudad marca los principios de la civilización. A través de los tiempos, numerosas culturas metropolitanas han surgido, brillado y caído, pero siempre han revivido o han sido reemplazadas por otras, porque una vez nacido el instinto urbano del hombre nunca desapareció.

Las ciudades son el símbolo de la experiencia humana colectiva, el medio portador del saber, el caldo de cultivo de las ideas. Las innumerables pruebas de la herencia cultural e histórica de la humanidad yacen en las urbes antiguas del Oriente Próximo, en las legendarias metrópolis de Grecia y Roma, en las capitales de la Europa medieval y moderna, y en las megalópolis de América, África, Australia y el Lejano Oriente. La historia de la civilización es, evidentemente, la historia de las grandes urbes.

El progreso brota igualmente del alma de la metrópoli, donde germina la fuerza vital que configura el sentido de la existencia humana. A lo largo del tiempo, muchos imperios sobrevivieron mientras sus ciudades se mantuvieron en pie. El desarrollo político, cultural y artístico del mundo grecorromano, la reforma humanista de la Europa del Renacimiento y los avances espectaculares de la tecnología moderna, se funden con las capitales de la época. Los acontecimientos más significativos, tanto si se trata de revoluciones históricas como de descubrimientos excepcionales, suelen ocurrir en las ciudades, las cuales, posteriormente, se convierten en los símbolos de estos sucesos. Por ejemplo, referencias como el muro de Berlín o la plaza Tiananmén de Pekín, son emblemáticas del papel que juegan las urbes en movimientos sociopolíticos memorables de nuestro tiempo.

Por lo general, los centros urbanos se definen como poblados humanos permanentes, grandes de tamaño, densos en habitantes y heterogéneos de carácter. En las populosas metrópolis existen torrentes de personas con las que uno se cruza y se codea a diario. Sin embargo, el número de conocidos con quienes se mantienen relaciones íntimas o estrechas es muy reducido. Pues excepto en el ámbito de la vida privada, los contactos en las ciudades, aunque en su mayoría sean cara a cara, suelen ser breves, superficiales e impersonales. La distancia que se mantiene en estos encuentros es una estrategia del ciudadano para protegerse contra las demandas continuas y las expectativas de los demás, y, en ciertos casos, contra el miedo a lo desconocido o incluso a ser víctima de un crimen. A su vez, estas relaciones múltiples, apresuradas, cautelosas y distantes estimulan en el hombre la suspicacia, la intuición para catalogar rápidamente a los demás, y la racionalidad, el énfasis en la razón y el intelecto antes que en los sentimientos.

El naturalista inglés Charles Darwin y el sociólogo francés Emile Durkheim demostraron por caminos diferentes que la alta densidad de población típica de las capitales modernas, o el amontonamiento de las personas en un espacio limitado, refuerza la dependencia mutua entre los habitantes, acentúa las diferencias y la especialización, y aumenta la complejidad y el dinamismo de la estructura social.

Cuando un gran número de personas de origen y antecedentes diversos viven y trabajan juntas, sin que les unan lazos emocionales o sentimentales, se fomenta entre ellas la interdependencia o incluso el espíritu de equipo, pero también se estimulan la hostilidad, los enfrentamientos y la competitividad.

En definitiva, la alta densidad de población de las metrópolis modernas facilita la diversificación y la originalidad de los residentes, pero al mismo tiempo complica la organización social e intensifica las desigualdades y la tensiones físicas, psicológicas y sociales.

La ecología psicosocial urbana consume más personas que las que produce. La vida es normalmente más corta en las grandes metrópolis que en el campo, en las ciudades se emigra más, la mortalidad infantil suele ser más alta y la tasa de nacimientos es menor. Por tanto, la supervivencia de las capitales depende del flujo constante de nuevos habitantes. La fuente principal de población urbana es la inmigración. Los inmigrantes, provengan de zonas rurales cercanas, de otras ciudades o de países lejanos, son un ingrediente necesario e inevitable del carácter de las capitales de hoy, forman una parte fundamental del alma de las grandes urbes, a las que aportan vitalidad, ingenio, talento y diversidad.

La migración, sin embargo, hace confluir pueblos, culturas, lenguas y razas dispares, lo que bajo ciertas condiciones socioeconómicas conflictivas aviva los estereotipos étnicos, la explotación entre grupos y el racismo. Con todo, la migración es verdaderamente el combustible que alimenta a la ciudad y le da su espíritu y su energía.

Hace años se consideraba utópicamente a la ciudad como un crisol de razas y etnias, como un filón de culturas híbridas. Sin embargo, las metrópolis actuales reflejan, más que crisoles, vívidos mosaicos compuestos de colectivos culturales diversos, entre los que por lo general suele haber poca comunicación y grandes contrastes, pues la gran mayoría de los grupos étnicos, casi por definición, tienden hacia la separación y la individualización con el fin de protegerse y preservar su cultura e identidad.

También ocurre que muchos ciudadanos tienen la oportunidad de convivir e identificarse a la vez con grupos distintos, no sólo en base a sus preferencias personales, sino también en virtud de sus condiciones sociales o económicas, de sus intereses intelectuales o religiosos, de su lengua o de su raza. Como resultado, en las ciudades existen numerosos individuos que forman parte simultáneamente de diversos colectivos o agrupaciones, lo que les permite participar en múltiples foros e incluso adoptar y exhibir diferentes personalidades. Como señaló el psicólogo neoyorquino William James, la forma de ser del hombre de la urbe es, sobre todo, pragmática y frecuentemente varía dependiendo del grupo de personas que le rodea.

El escenario urbano contemporáneo ofrece incontables alternativas, exhibe vivos contrastes y refleja una heterogeneidad deslumbrante. La ciudad expone continuamente a sus habitantes a una vasta selección de imágenes discordantes y extremas de lo bueno y de lo malo, de riqueza y de miseria, de inteligencia y de ignorancia, de orden y de caos. Igualmente, las capitales obligan a sus residentes a relacionarse con diversas personalidades y a coexistir con estilos de vida divergentes. Este medio variado y multiforme suscita en las personas una perspectiva relativista y tolerante hacia las diferencias que les rodean y, sobre todo, facilita una aproximación o abordaje empírico, racional y laico, o carente de sentido religioso hacia los desafíos de la vida. Es un hecho confirmado que mientras las metrópolis albergan y toleran todo tipo de religiones y sectas, un gran porcentaje de la población es agnóstica, atea, u opina que la religión ha pasado de moda.

Otra característica de los centros urbanos de hoy es que, en comparación con las áreas rurales, brindan gran autonomía, numerosas alternativas, elecciones y un mayor equilibrio entre aspiraciones y oportunidades, incluso a individuos excepcionales o anómalos. Al mismo tiempo, en las metrópolis los hombres y las mujeres se sienten menos coaccionados por las reglas y presiones homogeneizantes tan comunes en el medio rural. Como resultado, muchas de las actitudes y conductas que ordinariamente se suprimen o se ocultan en las pequeñas comunidades, se admiten y se hacen evidentes en las ciudades. Un ejemplo que viene al caso es la relativa aceptación o tolerancia hacia los homosexuales que existe en las sociedades urbanas. Asimismo, en comparación con el hombre del campo, el hombre y la mujer de la ciudad tienden a explorar más fácilmente nuevas direcciones y estilos de vida, a expresar más libremente sus convicciones, su inconformismo y su creatividad.

No cabe duda de que las ciudades celebran la calidad de vida, fomentan nuevas formas de convivir y de relaciones personales, y ofrecen a menudo soluciones novedosas para afrontar y moderar los problemas insolubles de la existencia humana. La cultura de la urbe también premia la originalidad, la innovación, la excentricidad, lo insólito y lo ingenioso, aunque además valora lo eficiente, lo práctico y lo efectivo.

La vida de la metrópoli promueve la improvisación y el cambio, pues invita al ciudadano a elegir libremente alternativas más allá del contexto de las normas convencionales y de las costumbres tradicionales establecidas. Por ejemplo, las opciones tan controvertidas del divorcio, del aborto o de la eutanasia son en la actualidad mejor aceptadas en las grandes poblaciones que en las zonas rurales.

Muchas de las ideas, actitudes y modas insólitas que con regularidad nacen en los centros urbanos y que al principio se consideran extrañas, intolerables o incluso inmorales, llegan con el tiempo a ser aceptadas por la mayoría. Este proceso de cambio dinámico y continuo, que es impulsado por los poderosos medios de comunicación, constituye el mecanismo más importante de avance y transformación de la sociedad contemporánea.

Evidentemente, en las ciudades es donde se desatan las pasiones, se libera la imaginación y se configura el futuro de la humanidad. Por esta razón, creo que las capitales modernas constituyen un punto obligado de referencia, un laboratorio ideal, un escenario o escaparate gigantesco que permite observar y analizar claramente la naturaleza y el comportamiento humano, la evolución de los procesos psicosociales, el progreso de la civilización y la lucha heroica del hombre y la mujer por una mejor calidad de vida, por su realización y por su supervivencia.

2. Nuevas relaciones

> La solución total de la existencia es la unión entre personas, la fusión con otro ser, el *amor*. El ansia de relación es el deseo más poderoso en el hombre, la pasión fundamental, la fuerza que aglutina a la especie humana, al clan, a la familia, a la sociedad. El fracaso en conseguir la unión personal significa la locura o la aniquilación, es decir, la autodestrucción o el exterminio de los demás. Sin amor, la humanidad no podría existir ni un día siquiera... Las relaciones se logran por caminos diversos, y las diferencias entre las distintas formas de amar son tan significativas como las semejanzas.
>
> Erich Fromm, *El arte de amar,* 1956.

Nunca se ha vivido tanto ni tan saludablemente como ahora. Nunca tantos hombres y mujeres han experimentado mejoras de tal magnitud en su nivel de educación, en el acceso a oportunidades y en la democratización general de sus vidas. En ningún otro momento de la Historia se ha ejercitado tan libremente la capacidad de elegir sobre la cohabitación, la sexualidad, el matrimonio, el divorcio, así como sobre la procreación, la paternidad, la división del trabajo y, en definitiva, sobre la naturaleza y configuración de las relaciones personales. La eterna nostalgia tan humana de un antaño idealizado hace que se olviden fácilmente estos avances, pero muy pocos estarían dispuestos a eliminarlos, aunque pudieran.

No obstante, muchos de los problemas y conflictos que afligen a las relaciones de nuestro tiempo brotan de estos adelantos, de los frutos de la civilización, del progreso. Es obvio que la crisis de la edad madura no existía cuando era casi un milagro llegar a los cincuenta años, ni se apreciaban el tumulto y la confusión de la adolescencia cuando el trabajo era obligatorio desde la infancia, ni la liberación sexual de la mujer era motivo de aprensión en el hombre cuando la misión exclusiva de las féminas era procrear sin descanso y en silencio, ni, en definitiva, la realización de la pareja planteaba un desafío cuando la educación era un privilegio y no existía otra alternativa que sobrevivir día a día.

A lo largo de la Historia, las relaciones humanas han evolucionado de acuerdo con las necesidades y expectativas de las personas, y con los cambios en las normas sociales y valores culturales del lugar y de la época. La institución de la familia en particular ha ido transfiriendo poco a poco sus funciones tradicionales y universales a otros organismos especializados que ha creado la sociedad. Por ejemplo, la productividad y la economía fueron absorbidas por el mundo de la industria y del trabajo, la educación fue traspasada a las instituciones escolares y religiosas, y lo mismo ocurrió con las actividades de ocio y de recreo, dominadas hoy por el imperio del entretenimiento y del espectáculo.

No hace mucho tiempo el matrimonio era una función necesaria y esencial de la institución familiar, superior en muchos casos al amor espontáneo y romántico. No era extraño, por ejemplo, que el hombre y la mujer concertaran el enlace incluso sin conocerse, con la ayuda de intermediarios o mediante arreglos directos entre familias. Con optimismo y buena suerte, la atracción mutua brotaba en la pareja después del casamiento. Hoy, sin embargo, lo que se busca antes que nada es la relación amorosa, el ritual del matrimonio se ha vuelto secundario y, para muchos, incluso innecesario. De hecho, los demógrafos señalan que en las metrópolis de los países industrializados de Occidente, las parejas contraen matrimonio más tarde que nunca, el número de divorciados sigue aumentando, y hay cada día más hombres y mujeres que optan por permanecer solteros.

La familia extendida tradicional, constituida por abuelos, padres, hijos, tíos y sobrinos, es cada día más insólita. Como contraste, la familia llamada nuclear, autónoma y reducida, compuesta solamente de padres e hijos, es sin duda un arreglo más frecuente, pero también se encuentra en decadencia. Entre las nuevas relaciones en auge se incluyen los segundos matrimonios de divorciados que agrupan a personas de orígenes distintos, los matrimonios sin hijos, las parejas que habitan juntas sin casarse, unas con hijos, otras sin ellos, y los hogares de un solo padre, generalmente la madre, bien sea separada, divorciada o soltera. Finalmente, en las grandes urbes no son raros los emparejamientos homosexuales, algunos incluso con niños.

En Estados Unidos, por ejemplo, los datos recientes del último censo señalan que el promedio de hombres y mujeres contrae su primer matrimonio a los veintiséis y veinticuatro años, respectivamente, cuatro años más tarde que en 1970. En este mismo período, el tamaño medio de la familia ha disminuido de cuatro personas a solamente tres, y 16 millones de niños menores de dieciocho años viven con un padre sólo. En la actualidad, únicamente el 26 por 100 de las familias estadounidenses están compuestas por una pareja casada con hijos menores de veintiún años. El resto de los hogares lo forman madres o padres solteros o divorciados, parejas sin hijos, y algunas familias con hijos mayores que han vuelto al hogar. En este país, los tribunales están cada vez más dispuestos a reconocer la legalidad de estos nuevos estilos de relaciones que se apartan del modelo de familia tradicional, basándose en la dedicación, compromiso y apoyo mutuo y estable que comparten sus miembros.

Entre las fuerzas que más sustancialmente han moldeado las relaciones en las últimas décadas se encuentra la prolongación espectacular de la supervivencia. Mientras que en el pasado las personas solían formar un solo hogar permanente a lo largo de la vida, hoy, la mayor longevidad permite a la mayoría experimentar consecutivamente varias relaciones duraderas importantes, de forma que si una relación fracasa, da tiempo a concluirla y probar de nuevo. De hecho, la mayor parte de las parejas puede contar en la actualidad con vivir unos veinticinco años a partir del momento en que su último hijo se haya independizado.

Igualmente influyentes en la reconfiguración de las nuevas relaciones han sido la alta valoración que hoy se le asigna a la calidad de vida, la preeminencia de la economía del dinero y la creciente urbanización de la población. Sin duda, estos desarrollos han supuesto para el individuo más libertad, más opciones, mayor tolerancia hacia la diversidad, y un incentivo para buscar la felicidad interpersonal fuera de los patrones tradicionales de relación.

En efecto, la ecología psicosocial de la urbe ha influenciado profundamente al hombre y a la mujer, impulsándoles a replantear sus papeles, a revisar sus expectativas y, en definitiva, a transformar sus relaciones. Cuando la maternidad era esencial para la supervivencia inmediata de la especie, la familia de padre proveedor y de madre prolífica era necesaria o casi inevitable. Hoy, sin embargo, el mundo del trabajo ya no está bajo el absoluto dominio masculino, ni el hogar es el ámbito exclusivo de la fémina. El modelo familiar tradicional del hombre en el trabajo y la mujer en el hogar ha sido relegado a la historia, y las realidades sociales y económicas se han encargado de transformarlo de un ideal que había que defender en una reliquia del pasado. Para la mujer, el ímpetu feminista y la disponibilidad de métodos de control de natalidad seguros y efectivos, han sido los acontecimientos de más peso. Ambos han dado lugar a una mayor igualdad de oportunidades entre los sexos, a la liberación sexual de la fémina y a la relativa devaluación de la maternidad como ingrediente indispensable para su plena realización en la vida.

En los últimos años, la trama social hegemónica masculina se ha visto entretejida por la cultura feminista. Como consecuencia, la mujer ha desafiado al hombre a cambiar su personalidad y a adaptarse a la nueva identidad femenina liberada. La metamorfosis de la mujer ha producido irremediablemente un cambio de ajuste en el varón y, en gran medida, le ha instigado a transfigurarse en un ser más expresivo, más abierto, compasivo, vulnerable y más casero. El movimiento feminista ha sido, pues, un agente de evolución para ambos sexos, y mientras las mujeres se están liberando de los estereotipos del pasado, los hombres tratan de deshacerse de una imagen varonil que se ha vuelto dura, anticuada e insoportable.

Es interesante observar que aunque los medios de comunicación siguen enfocando a los *yuppies* —jóvenes profesionales de la urbe, perseguidores infatigables del éxito en el mundo de los negocios—, como el arquetipo masculino de nuestros días, la verdad es que para muchos hombres de hoy la vida de casa es tan importante o incluso más que su carrera. Cada día son más los varones que optan por una relación más igualitaria con la mujer y sienten que si fueran libres de escoger entre el trabajo profesional o dedicarse al hogar, eligirían lo último.

No obstante, este proceso evolutivo ha dado lugar a que los papeles y motivos de los hombres y mujeres sean constantemente debatidos y escudriñados. Por ejemplo, cuestiones como la discriminación de la mujer en el trabajo, el aborto como alternativa al embarazo indeseado, el acoso sexual y la violencia doméstica, han pasado en los últimos tiempos de ser considerados reivindicaciones feministas a tópicos de interés general, tratados abiertamente por los medios de comunicación, incluso por la televisión. En gran parte, estos amargos debates que estamos presenciando a la luz pública son reflejos de los conflictos que actualmente conmueven la frontera entre el hombre y la mujer, de la lucha de ambos sexos por liberarse de las ataduras y exigencias del ayer. Se trata de controversias que se avivan por la clásica aproximación simplista del bueno y el malo, de la víctima y el verdugo, un modelo ingenuo y absoluto que no permite el término medio y que dejó de ser útil hace mucho tiempo.

En realidad, los nuevos modelos de relación entre hombres y mujeres están basados en expectativas de igualdad un tanto idealizadas, y contienen aspiraciones feministas y una dosis importante de la nueva sensibilidad masculina. Como consecuencia, a la pareja de hoy se le exige no sólo ser mejores amigos, compañeros íntimos y cónyuges sexuales, sino la realización profesional o laboral de los dos fuera del hogar y la participación activa de ambos en la casa y la crianza de los hijos.

Ciertamente, para muchos este concepto de relación igualitaria supone unas exigencias casi míticas. Sin embargo, es la unión a la que aspiran cada vez más hombres y mujeres. Y aunque no son pocos los que señalan con preocupación las numerosas separaciones y divorcios que se están produciendo, lo sorprendente de las nuevas relaciones no es que fracasen a menudo, sino la cantidad de ocasiones en las que logran florecer, especialmente cuando se tiene en cuenta la falta de sincronización que existe entre la rápida proliferación de estos arreglos poco convencionales y la lentitud con la que la sociedad, sus gobiernos y sus líderes están modificando sus actitudes y las necesarias políticas sociales y económicas.

A pesar de las amplias libertades, las múltiples alternativas y la marcada heterogeneidad que ofrece la sociedad urbana actual, la mayoría de las personas consideran el hogar la fuente primordial de felicidad y de significado en la vida. Encuestas recientes en Norteamérica muestran, por ejemplo, que para el 93 por 100 de los adultos una vida de relación con otra persona dentro del ámbito de un hogar es «muy importante». De hecho, en contra de la creencia popular, la búsqueda de la unión feliz es particularmente intensa en las metrópolis. La razón es que el vertiginoso ritmo de la vida urbana estimula en las personas una gran necesidad de compañía, de intimidad y de apoyo psicológico. Como ha sugerido recientemente la socióloga estadounidense Arlene Skolnick, cuanto más impersonal, más compleja y conflictiva es la vida de las capitales, más agudo es el anhelo de amistad y comprensión de sus habitantes. Es como si la «alta tecnología» de la ciudad generara la necesidad de un «alto contacto humano».

Con todo, el progresivo declive del modelo de familia tradicional y el simultáneo auge de las nuevas relaciones «informales», ha conmocionado a ciertos sectores de la sociedad y ha configurado un ruidoso campo de batalla donde prolifera una intensa retórica. En un lado se alinean los grupos conservadores, defensores de los conceptos de matrimonio legal o religioso y de familia tradicional como los únicos modelos admisibles de hogar. Estos sectores condenan con ansiedad y fervor moral las nuevas uniones y, en sus esfuerzos por desprestigiarlas, las aglutinan y empaquetan injustamente con la lista de los abrumadores problemas socioeconómicos de la urbe de nuestros días —drogas, delincuencia y violencia doméstica—, ofuscando la evaluación real de estos fenómenos. En el lado opuesto, los grupos más liberales y los feministas celebran y glorifican las nuevas relaciones por ser más libres, tolerantes y realistas, para tantas personas que persiguen la felicidad al margen de un modelo de familia ya anacrónico. Además de estos dos bandos enfrentados, un nutrido grupo de sociólogos, psicólogos y «buscadores de tendencias sociales» observan desde las gradas, analizan y debaten las implicaciones de estos cambios para el funcionamiento y futuro de la sociedad. Algunos llegan hasta el extremo de vender las nuevas tendencias a las multinacionales para ayudarlas a definir su política de mercado.

El desasosiego que se aprecia es comprensible. Después de todo, la preocupación con la familia como institución fundamental es tan antigua como la humanidad. Tres de los Diez Mandamientos conciernen específicamente a aspectos de las relaciones familiares, y caídas de imperios han sido rutinariamente atribuidas a la desintegración de la estructura o la función familiar. De hecho, muchos pensadores consideran la familia la célula vital de la humanidad, el caldo de cultivo indispensable para un desarrollo emocional y social sano, el eslabón intergeneracional que asegura la estabilidad y supervivencia de la cultura.

No cabe duda de que las nuevas relaciones, con sus heterogéneas estructuras y diversos funcionamientos, desafían la validez de los anticuados principios psicodinámicos *edípicos* que han guiado nuestro conocimiento del ser humano durante décadas. Principios fundamentados en el modelo tradicional de familia biológica intacta, compuesta de padres e hijos. Estos pilares teóricos, construidos por Sigmund Freud a principios de siglo, y hoy profundamente arraigados en el mundo occidental, están cimentados en la relación triangular de rivalidad, celos, hostilidad y amor intenso que irremediablemente brota en la infancia entre el hijo o la hija y el padre y la madre, y que desemboca en la identificación del niño con el padre y de la niña con la madre.

Hasta hace poco, la superación saludable del *complejo de Edipo* representaba el clímax del desarrollo emocional del ser humano, la piedra angular en la construcción de la identidad sexual, así como en la formación de los sentimientos de confianza, dependencia, autonomía, iniciativa y de la capacidad del individuo para discernir el bien del mal. Sin embargo, las nuevas relaciones, desde las familias compuestas por divorciados a las encabezadas por una madre sola, nos retan a formular otras pautas explicativas de la naturaleza psicosocial humana que superen los principios *edípicos*.

Obviamente, la familia tradicional está evolucionando y dejando atrás su identidad de institución social primaria y universal. Al mismo tiempo, está siendo sustituida por un concepto más flexible y multiforme de nuevas relaciones entre personas, cuya meta esencial es la búsqueda compartida de la calidad de vida y de la felicidad. Sin duda, las posibilidades de realización y bienestar son mayores cuando el individuo, de acuerdo con sus deseos y circunstancias, elige libremente su tipo de relación y no se siente forzado a encasillarse dentro de un patrón rígido de convivencia.

Cada día es más importante para el ser humano poder concebir sus relaciones íntimas como una elección deliberada entre una amplia gama de opciones válidas y legítimas de trato en la intimidad del hogar. Porque las uniones felices no se logran mediante la imposición autoritaria de modelos de familia absolutos e inflexibles, sino, como indicó Erich Fromm en *El arte de amar,* a través del conocimiento íntimo y el interés mutuo por la realización de la otra persona, el respeto a su carácter individual, el sentimiento de responsabilidad por el bienestar del otro, el afecto, la ternura, la unión sexual y el amor.

A la postre, las nuevas relaciones no significan la muerte del hogar, sino su renacimiento; reflejan cambio, pero también continuidad, un final y también un principio, la decadencia de un paradigma anticuado y el surgimiento de un ideal nuevo. Pues la necesidad de relación es una fuerza instintiva, inagotable y vital en el ser humano.

3. La alternativa del divorcio

En el matrimonio, como en casi todos los aspectos de la vida, elegir implica que no existe la elección irrevocable. Toda persona tiene derecho a mudarse si no le gusta su casa, a cambiar de colegio, de amigos, de partido político y de religión. Junto a la libertad de elegir va el derecho a cambiar de parecer. Si podemos rectificar los errores del pasado en casi todos los campos de las relaciones humanas, ¿por qué tiene el matrimonio que ser una excepción?

Margaret Mead, *El hombre y la mujer: un estudio sobre los sexos en un mundo cambiante,* 1949.

No cabe duda que muchas de las parejas que contraen matrimonio acaban sintiendo tarde o temprano que su relación se ha vuelto vacía, infeliz e insostenible. Hoy día, una considerable proporción de matrimonios está destinada al fracaso. Esta realidad no debe de asustar a nadie, pasa lo mismo con otros tipos de relaciones y lo admitimos sin dificultad. Quizá sea la aceptación de este hecho la razón por la que muchas sociedades permiten a quienes se casan y son infelices divorciarse y probar de nuevo. Esta lógica, sin embargo, no impide que existan personas que piensen sinceramente que facilitar el divorcio constituye un error, un subterfugio, una forma más de transigir con la flaqueza humana.

La realidad es que en los últimos años la tasa de divorcio no ha dejado de crecer en el mundo occidental. En Estados Unidos, por ejemplo, existen en la actualidad unos 15 millones de divorciados, un 40 por 100 más que hace diez años. Si esta tendencia continúa, se calcula que uno de cada dos matrimonios contraídos desde 1970 terminará en divorcio. Aunque la incidencia de divorcios y separaciones en los países europeos no es tan alta como en Norteamérica, la trayectoria ascendente es similar.

Los centros urbanos tienen un índice de divorcio considerablemente más alto que las zonas rurales. De hecho, se afirma con frecuencia que las separaciones matrimoniales son básicamente un producto de las capitales de hoy. En gran parte, la mayor tolerancia hacia el divorcio que muestran las metrópolis está estrechamente relacionada con cambios socioeconómicos y culturales característicos de las ciudades, tales como la revolución industrial, la liberación del control religioso, la mayor autonomía de la mujer y la exaltación de la calidad de vida. También importante ha sido el auge de las nuevas relaciones, en particular los matrimonios sin hijos y la familia *nuclear,* compuesta sólo por los padres y los hijos, que, al convertirse en el centro y foco de la organización social, crea grandes expectativas y exigencias sobre la pareja.

Por otra parte, muchos matrimonios conflictivos que empiezan a desintegrarse se mudan a las grandes poblaciones, donde pasan más inadvertidos, pueden compartir su situación con otras parejas en condiciones similares y, en caso de optar por la separación, encuentran más aceptación, apoyo, y mayores oportunidades de trabajo, de independencia y de vida social.

La ruptura del matrimonio es una de las experiencias más profundas y traumáticas que pueden sufrir los seres humanos. Aparte de sus implicaciones sociales y religiosas, la decisión de separarse es un proceso personal extremadamente doloroso. Tanto es así, que los expertos utilizan el índice de divorcios del país para planificar los servicios de salud pública, pues, comparadas con la población general, las personas en trance de divorcio sufren más de hipertensión, de úlcera de estómago, de ansiedad, de alcoholismo y de depresión. Asimismo, estudios recientes sobre el uso de tranquilizantes demuestran que los nuevos divorciados consumen más antidepresivos, píldoras para dormir y fármacos para aliviar la angustia que cualquier otro grupo de población.

En nuestra civilización, la mayoría de las personas se casan y consideran el matrimonio como algo esencial para lograr el bienestar. Sin embargo, tal creencia no suele ayudar a hacer más sólidos o duraderos los lazos matrimoniales. Pues la idea de que un matrimonio feliz es importante en la vida, más bien da lugar al rechazo de la noción de que es preciso soportar la relación, a pesar de que sea una fuente constante de infelicidad. Sin duda, el énfasis que hoy se le asigna a la búsqueda de la felicidad, que en algunos países constituye incluso un derecho inalienable amparado por la Constitución, contribuye, en cierta medida, al elevado índice de divorcios que se produce en las sociedades occidentales. De todas formas, no es frecuente que las parejas afirmen que han decidido terminar su matrimonio sólo porque quieran ser más felices. Por lo general, la decisión de separarse es el resultado de una larga y penosa lucha, saturada de ambivalencia, de miedo, de culpabilidad y de resentimiento.

Aunque haya excepciones, las parejas que se divorcian iniciaron su relación y se casaron por amor, y sólo después de algún tiempo el matrimonio empezó a deteriorarse hasta llegar a una situación de infelicidad insostenible. Sin embargo, aunque se piensa que el amor es la razón primordial para casarse, generalmente no se acepta abiertamente que la falta de amor sea motivo suficiente para divorciarse. En efecto, hasta hace unos años, para lograr el divorcio era necesario que uno de los cónyuges demandara al otro ante el juez por incumplimiento grave de las obligaciones maritales, adulterio, malos tratos o abandono del hogar.

Hoy ya se aceptan razones más sutiles y civilizadas como la ruptura temporal de la relación o la incompatibilidad de caracteres. No osbtante, aunque cambien las leyes del divorcio, las causas reales por las que las parejas se divorcian siguen siendo las mismas, lo que ocurre es que frecuentemente se alegan motivos que se ajustan a las leyes vigentes. Con todo, no hay duda de que la creciente liberalización legal del divorcio ha contribuido al clima actual de relativa aceptación de la separación como solución a los graves problemas maritales.

Es evidente que mientras las parejas dichosas aportan miembros útiles a la sociedad, las desgraciadas esparcen la miseria humana, el odio, el sufrimiento y la incompetencia. Una leyenda india del siglo pasado ilustra este punto:

> Durante el primer año del reinado del rey Julief, dos mil parejas se divorciaron de mutuo acuerdo ante el juez. Al enterarse, el rey se indignó de tal manera que inmediatamente abolió el privilegio del divorcio en el reino. Durante el año siguiente, el número de casamientos en el país disminuyó en unos tres mil, se registraron unos siete mil casos más de adulterio, trescientas mujeres fueron quemadas vivas por envenenar a sus maridos, cien hombres fueron ejecutados por asesinar a sus esposas, y la cuantía de muebles y enseres destruidos en los hogares alcanzó los tres millones de rupias. Al ser informado de lo ocurrido, el rey Julief restableció de inmediato el derecho del divorcio.

A pesar de la mayor tolerancia social y frecuencia del divorcio, no existe el *divorcio amistoso,* aunque hay parejas que incluso en trance de separación todavía abrigan sinceramente la ilusión de mantener viva la amistad. Por su parte, los amigos y familiares alientan este deseo y con la mejor intención aconsejan que la ruptura sin remedio sea pacífica y amigable. Tampoco existen divorcios sorpresa. Por el contrario, se dan menos divorcios inesperados que muertes repentinas, ya que el divorcio suele ser el resultado de una batalla larga y penosa, en la que la aprensión, el sentimiento de haber fracasado y el rencor se convierten en parte integrante de la vida diaria de la pareja. Al final, con pocas excepciones, ambos cónyuges salen alienados, heridos, con la moral consumida y la autoestima dañada, y se sienten decepcionados y estafados, no sólo por el cónyuge, sino por el mundo entero y por la vida.

Quizá los que menos sufren son esos matrimonios sin hijos ni propiedades, que, aburridos, faltos de aire y anémicos, se desvanecen poco a poco como fotos olvidadas al sol. Por el contrario, los más desafortunados son quienes, abrumados y confundidos, se hunden en el revanchismo y cometen actos de cruel violencia el uno contra el otro, para espantarse después de lo que han hecho. Estas parejas nunca habrían podido imaginarse que serían capaces de tales extremos.

Como ha dicho Erich Fromm, el aislamiento y la separación de los demás es la principal fuente de angustia en las personas. «Al sentirnos apartados nos sentimos también incomunicados, indefensos e incapaces de entender el mundo que nos rodea.» Durante un tiempo, este es el sentimiento que abruma a la mayor parte de los divorciados.

Varios estudios recientes demuestran que de las numerosas situaciones de crisis, de los sucesos más dramáticos y de las calamidades de la vida, el divorcio ocupa el segundo lugar entre las causas de mayor sufrimiento. Sólo la muerte del cónyuge, en un matrimonio feliz por supuesto, le supera en dolor y en estrés. Por esta razón, recuperarse de la experiencia del divorcio supone, en la mayoría de los casos, un largo y agobiante proceso de recuperación, adaptación y reintegración que con frecuencia dura varios años.

En primer lugar, en la separación, tanto los que se van como los que se quedan sufren de profunda desilusión y de decepción hacia ellos mismos; se sienten vulnerables, fracasados, desorientados y resentidos. A esta reacción le sigue una segunda fase de tristeza, aislamiento y soledad, durante la que los nuevos divorciados se ven como alienados y marginados de su mundo anterior de casados y de sus antiguos amigos. Por último, al cabo de un período de ajuste, que puede durar hasta cinco años, casi todos los divorciados, esperanzados, deciden enfrentarse a las vicisitudes y riesgos del *volver a empezar,* y se embarcan en la búsqueda de una nueva vida social.

La inmensa mayoría de los matrimonios que se divorcian tienen hijos. Por ejemplo, en Estados Unidos, unos ocho millones de niños viven actualmente con uno de los padres divorciados, generalmente con la madre. Aunque los verdaderos actores y los que más sufren el divorcio sean los padres, también los hijos sienten intensamente el impacto traumático de la separación. La reacción de los niños varía mucho, según la idea que tengan sobre la relación de los padres y del comportamiento de éstos. La respuesta también depende de su edad y temperamento. Hay niños pequeños que se dan cuenta del cambio y aun sin entender la situación experimentan sentimientos de miedo, abandono y confusión. Los adolescentes, a su vez, suelen reaccionar con angustia pero también con rabia e indignación de que sus padres no puedan resolver sus divergencias. Sin embargo, la causa mayor del daño sobre los hijos no es tanto la ruptura en sí como las circunstancias que la precedieron, las vicisitudes que la acompañaron y los problemas y conflictos que luego sucedieron.

Como ocurre con sus padres, la mayoría de los hijos acaban superando con éxito la experiencia dolorosa del divorcio. Y también, al igual que los adultos, los niños necesitan elaborar mentalmente su explicación, su propia historia de lo sucedido. Historia que para cumplir su función beneficiosa deberá tener a los padres como protagonistas, puesto que el divorcio, en definitiva, es un asunto de padres y no de hijos. Aunque, a la postre, los hijos hayan sido los testigos más cercanos.

Sin duda, los hijos de padres divorciados tienen que enfrentarse con más dificultades que los niños de padres felices y de hogares intactos. Pero esta comparación no viene al caso. La cuestión es si los padres en un matrimonio desgraciado, con conflictos y tensiones constantes, hacen más o menos daño a los hijos permaneciendo juntos o separándose. En este sentido, la antigua creencia que las parejas desgraciadas deberían continuar casadas por el bien de los niños ha dado paso a la opinión más actual que la separación que permite hacer más felices a los padres, a la larga, también beneficia a los hijos.

Así pues, no pasa un día sin que se cierren miles de puertas tras hombres y mujeres divorciados, nuevos emigrantes con maletas repletas de ilusiones, añoranzas y despojos, que atraviesan el túnel del divorcio para encontrarse en un país extraño. Muchos entran llenos de esperanza, otros, como exiliados forzosos, pero todos dejan un mundo conocido que, aunque malo, no es tan incierto como el desconocido. La mayoría, sin embargo, verá la luz al final de este túnel.

Los estudios más recientes señalan que, en su mayor parte, los divorciados se recuperan y, con el tiempo, terminan constatando que la decisión de separarse fue acertada, que nada ni nadie hubiera podido salvar su matrimonio. Muchos declaran que se sienten como si hubieran vuelto a nacer y, sobre todo, se muestran orgullosos de haber transformado una derrota en victoria. La mayoría incluso sueña con volver al *paraíso perdido* del matrimonio, del que escaparon o fueron expulsados. En efecto, la mayor parte de las personas que se divorcian de su primer matrimonio vuelven a casarse.

Casi todo el mundo está de acuerdo en que el matrimonio es una relación extraordinariamente compleja, que está sometida a enormes fuerzas y expectativas sociales y culturales y, como consecuencia, se encuentra en un constante proceso de cambio. Cuando un hombre y una mujer deciden formalizar y legalizar públicamente su relación, tarde o temprano acaban por plantearse más o menos conscientemente la cuestión de si permanecen unidos porque quieren o porque deben. ¿Es la relación una elección o una imposición?

Mucho se ha escrito sobre la capacidad de elección en los seres humanos. En el contexto del matrimonio, la decisión de divorciarse es una prerrogativa de los hombres y mujeres que se casan, un privilegio exclusivo de los casados que debería estar libre de toda coacción externa. Es verdad que la opción del divorcio implica un gran desgaste de recursos personales y afectivos, pero el no elegir es también otra manera de elegir. Como escribió Michel E. de Montaigne en uno de sus ensayos: «No hay conocimiento más difícil de adquirir que el de saber cómo vivir felizmente esta vida.»

Algunas parejas en situaciones de claro fracaso matrimonial diseñan, consciente o inconscientemente, todo tipo de estrategias y mecanismos de defensa, justificaciones, racionalizaciones y sublimaciones para no romper la relación. Otras, distanciándose de su propio conflicto, recurren a culpar al destino de su infortunio, y, sintiéndose impotentes, se resignan o rehúyen cuestionarse la viabilidad o la suerte futura de su relación, o el impacto de tal decisión en sus vidas. Como caballos de tiro, usan anteojeras para eludir el pánico. Mas la falta de concienciación no hace que la relación mejore, ni que la desdicha y el sufrimiento desaparezcan.

A pesar de los numerosos mitos que existen, los pilares más sólidos sobre los que suele apoyarse el matrimonio —amor, felicidad y seguridad— son frágiles. Vivimos en un mundo en constante cambio, en el que los sentimientos de dicha invulnerabilidad son relativos y transitorios. Sin embargo, la sociedad exige a menudo unas normas imposibles de cumplir y unas expectativas inalcanzables. Por el contrario, cuando aceptamos como hechos irremediables la inseguridad y la condición pasajera de la felicidad, hacemos más llevadera y realista la vida y, al mismo tiempo, somos más libres y capaces de disfrutar intensamente los buenos momentos.

La sociedad impone frecuentemente toda una gama de tradiciones, ideales, costumbres y normas rigurosas e irrealizables, que van además en contra de la esencia de la naturaleza humana. Bajo estas condiciones, la vida se hace insoportable y las personas se sienten ineficaces y frustradas, pierden la ilusión y se desesperan. Es axiomático que cualquier contrato social que imponga una pureza absoluta de sentimientos, exija una consistencia total de actitudes y deseos, o requiera una visión inamovible de la vida, constituye la antítesis de la naturaleza humana y no puede por menos que acarrear consecuencias desastrosas. Además, refleja una versión simplista de los conflictos y vicisitudes del ser humano que atropella la complejidad, el dinamismo y la relatividad de la existencia humana.

Aunque en ciertos sectores conservadores y religiosos todavía abundan quienes ven en el divorcio un veneno para la institución del matrimonio, en realidad, lejos de representar un veneno, el divorcio es más bien el remedio del matrimonio enfermo incurable, pues constituye la única vía para que quienes son desgraciados con sus parejas puedan encontrar algún día una relación dichosa. Lo que de verdad busca la mayoría de los que se divorcian no es la independencia egoísta ni el placer narcisista, sino el retorno a la calidad de vida y al estado saludable de una unión feliz. Por tanto, el divorcio es una ruptura, pero también es un ingrediente esencial de la continuidad de la relación entre el hombre y la mujer.

Es cierto que el divorcio tiene muchos de los elementos de una tragedia humana, pero el sufrimiento que produce es a menudo un signo de supervivencia, de autorrealización, de crecimiento vital y, en definitiva, de desafío a la impotencia, a la desesperanza y a la apatía humanas.

4. El dilema del aborto

> En ningún otro momento influenciamos conscientemente tanto la calidad de vida y la existencia del ser humano como cuando decidimos sobre el aborto... No podemos enfrentarnos con el aborto sin poner a prueba al mismo tiempo nuestra capacidad de tolerancia.
>
> Myron K. Denney, *Una cuestión de elección,* 1983.

Las últimas décadas han presenciado una evolución progresiva hacia la liberalización del aborto en los países desarrollados. Se calcula que en el mundo se realizan entre 30 y 40 millones de abortos legales al año. El número exacto de interrupciones ilegales de embarazos se desconoce, pero se supone que por lo menos se efectúan otros 20 millones de abortos ilícitos anuales.

Cada año, millones de mujeres se enfrentan al dilema agónico de una maternidad que no desean, y bien sea porque el feto sufre graves malformaciones, bien porque fueron violadas o víctimas de incesto, bien porque padecen de incapacidad física o mental, bien porque les falta el apoyo del compañero o de la familia, o bien por razones económicas, por exigencias profesionales, por aversión al papel de madre, o simplemente por no desear tener hijos en ese momento de su vida, eligen interrumpir su embarazo.

Desde hace años, el aborto es permitido bajo ciertas condiciones en la mayoría de las naciones de Occidente, donde precisamente se encuentran los índices de interrupción del embarazo más altos del mundo, y donde, no obstante, ningún tema provoca tantos enfrentamientos, tanta pasión y amarga controversia. En efecto, la confrontación entre los grupos que se oponen al aborto, los que lo defienden y los que, aun sin defenderlo, se oponen a su prohibición, alcanza frecuentemente niveles de violencia alarmantes y, en ocasiones, incluye actos terroristas, particularmente contra los centros médicos y los profesionales que lo practican.

El debate es tan intenso y está tan polarizado que son contadas las personalidades o los políticos que, tarde o temprano, no se vean acosados y tengan que definirse públicamente a favor o en contra del aborto, como ocurre periódicamente en Estados Unidos coincidiendo con sus ciclos electorales.

Los medios de comunicación difunden con regularidad noticias de sucesos que invariablemente vuelven a detonar la bomba social del aborto. Un acontecimiento reciente, por ejemplo, ha sido el respaldo oficial que ciertos grupos intelectuales y liberales han dado a la RU-486, la píldora francesa para abortar. Estos colectivos argumentan que la ciencia no debe sacrificarse por la política, y que las mujeres que optan por terminar un embarazo deben tener acceso al método más privado, seguro, económico y eficaz. Otro evento ha sido la polémica sobre el uso de tejidos fetales para la investigación y el tratamiento experimental de ciertas dolencias incurables como la diabetes infantil, la demencia de Alzheimer y la enfermedad de Parkinson. Mientras unos están a favor, otros se oponen y alegan que esta práctica inclina a abortar a mujeres indecisas, al ofrecerles una racionalización altruista y hacerlas pensar que con el aborto ayudan a estos enfermos o contribuyen al avance de la medicina.

Pero aún más conmovedores son los relatos sentimentales de historias personales que periódicamente aparecen en los medios de comunicación. Por ejemplo, los dramas de algunos niños que lograron sobrevivir milagrosamente los repetidos intentos de aborto de sus madres, o las tragedias de mujeres jóvenes que fallecieron a causa de un aborto ilegal a manos de curanderos y a escondidas de sus padres. Estos relatos se divulgan por los grupos antiaborto para argumentar que en cada caso de aborto se mata a un ser humano, o por los promotores del derecho al aborto para ilustrar las consecuencias nefastas de su criminalización. En definitiva, la intensa discordia que avivan estos acontecimientos demuestra cómo la sociedad moderna todavía no ha resuelto el viejo y angustioso conflicto humano del embarazo indeseado.

Aunque las circunstancias que rodean la legalización del aborto en los distintos países sean diferentes, en los últimos años, numerosos parlamentos y tribunales de Occidente han liberalizado o abolido las severas leyes en muchos casos vigentes desde hacía siglos. En la actualidad, mientras que en ciertas sociedades todavía se imponen restricciones importantes sobre la práctica del aborto, excepto cuando se trata de salvar la vida de la madre, existen naciones donde las limitaciones son mínimas. En Estados Unidos, por ejemplo, a principios de los años setenta, los jueces del Tribunal Supremo crearon jurisprudencia al dictaminar que en el primer semestre de gestación —período durante el cual el feto no se consideraba viable— una mujer tiene el derecho constitucional a decidir sobre su cuerpo y a terminar el embarazo sin interferencia alguna del Estado.

Esta histórica sentencia que está siendo continuamente cuestionada, fue reafirmada en julio de 1992 por el alto tribunal norteamericano en un dictamen cargado de emotividad y humanismo. Como si la febril agitación que provoca el aborto en la calle hubiese invadido la sacrosanta cámara judicial y contagiado a sus nueve magistrados, siempre tan remotos y aislados del mundo.

Sin duda, el movimiento a favor de la despenalización del aborto ha sido impulsado especialmente por la mujer de la ciudad. Su lucha infatigable por la liberalización y la igualdad ha logrado convencer a un importante segmento de la sociedad que la capacidad de controlar su vida reproductiva es un ingrediente de la libertad al que no puede renunciar, un derecho esencial para poder participar en igualdad de condiciones en la vida económica y social de nuestros tiempos.

La liberalización del aborto se nutre, en primer lugar, de la necesidad de reconocer el derecho inalienable de la mujer a su autodeterminación, a decidir sobre las funciones de su propio cuerpo. En segundo lugar, de la creciente importancia que se le adscribe a la búsqueda de la felicidad y, sobre todo, a la calidad de vida. Y en tercer lugar, del miedo a la sobrepoblación y a sus ominosas consecuencias sociales y económicas. Igualmente determinantes han sido la disponibilidad de abortos médicos seguros y la convicción de la sociedad de que las mujeres, independientemente de la filosofía del momento, continuarán obteniendo abortos con o sin leyes restrictivas.

Si una mujer actualizara su potencial biológico, daría a luz a unos veinticinco niños en el curso de su vida fértil. Sin embargo, por lo general, la mujer moderna no suele querer más de dos hijos, y prefiere tenerlos en un período limitado de varios años, una vez que ha decidido constituir una familia y ha conseguido cierta estabilidad económica. Como ha escrito el médico norteamericano Myron Denney, la valoración de la maternidad no es sólo biológica, sino también cultural. La sociedad urbana de hoy ya no aprecia tanto la maternidad; sin duda, hoy no la valora como antiguamente, cuando la inmediata supervivencia de la especie humana dependía de la fecundidad de la mujer. Por otra parte, la mayor parte de las féminas actuales consideran el tener muchos niños una desventaja, una carga emocional y económica y, en definitiva, un obstáculo en su camino hacia la plena realización. Todo lo cual no impide el estallido de un enorme conflicto emocional cuando se enfrentan ante un embarazo que no quieren, indeseado.

A lo largo de la Historia, mujeres de todas las nacionalidades han considerado el aborto como una alternativa ante el intolerable dilema del embarazo indeseado. Antiguamente, mientras unas mujeres embarazadas ansiosas por interrumpir la gestación imploraban a los dioses para que expulsaran el embrión del útero, otras lo intentaban ellas mismas; se llenaban la vagina de excremento de animales o con cenizas candentes, se golpeaban fuertemente en el vientre con piedras y palos, o ingerían todo tipo de venenos y brebajes ponzoñosos. En época más reciente se puso de moda introducirse hasta la matriz y clavarse agujas de hacer punto, perchas de alambre u otros objetos punzantes, los cuales frecuentemente perforaban los órganos internos, causando graves hemorragias o infecciones. De esta forma, muchas embarazadas, en la desesperación, se autoproducían el aborto, y a su vez sufrían daños irreparables. Mientras que otras morían a manos de abortistas sádicos o incompetentes. Cuando la solución parecía imposible, algunas embarazadas, sintiéndose indefensas y abrumadas, perdían la esperanza y la cabeza y se suicidaban.

Hoy día, gran parte de las mujeres que no quieren el embarazo pueden optar por un aborto médico seguro. Sin embargo, muy pocas se escapan de la dura realidad de que la decisión no es fácil, ya que el poder trascendental del aborto sobre la vida y la muerte es ciertamente sobrecogedor. Un embarazo no deseado plantea siempre la disyuntiva de elegir entre una maternidad que no se quiere y un aborto que se aborrece. Sin embargo, cada día son más las mujeres que están conscientes de la estrecha relación que existe entre la procreación y la supervivencia propia.

Independientemente de su legalidad, el aborto provoca dilemas éticos, religiosos y personales. Es comprensible, por tanto, que las mujeres experimenten sentimientos conflictivos al enfrentarse con un embarazo indeseado. Las numerosas encuestas que se han hecho sobre el tema reflejan las actitudes contradictorias, la falta de respuestas absolutas y, sobre todo, la relatividad con la que las féminas se aproximan a este angustiante desafío. Así pues, aunque la clara mayoría opina que el aborto debe ser una decisión privada de la mujer, no existe, en cambio, un consenso moral sobre si el aborto está bien o está mal. Muchas de las mismas mujeres que piensan que el aborto es moralmente censurable, opinan simultáneamente que debe estar al alcance de cualquier mujer que lo desee, y algunas mujeres que nunca consentirían tener un aborto creen, sin embargo, que es una solución justificable para otras embarazadas en circunstancias diferentes. En realidad, nadie puede predecir con certeza lo que un embarazo indeseado significa para una mujer, y pocas mujeres están absolutamente seguras de cuál sería su reacción ante tal eventualidad.

Parece evidente que tanto las explicaciones éticas como los argumentos religiosos sobre el aborto son el resultado de siglos de polémica, a los que hay que añadir las vicisitudes y realidades de la vida moderna. La mayoría de los razonamientos comparan las necesidades y los derechos de la mujer con la naturaleza y los derechos del embrión o del feto; casi todos son formulados categóricamente poniéndose de parte de uno o del otro. Así pues, para quienes consideran el embrión un ser humano con todos sus derechos, el aborto es una aberración y hasta un crimen. Para los que el embrión no es una persona, los derechos de la mujer tienen prioridad.

Tanto los partidarios del derecho de la mujer a decidir sobre el futuro de su embarazo —un sector que se identifica como *pro-elección*— como los que defienden los derechos del embrión y del feto —el sector conocido como *pro-vida*—, parecen vivir en mundos diferentes, no comparten las mismas premisas ni el mismo lenguaje, están fervientemente convencidos de que sus opiniones sobre el aborto son las únicas correctas, éticas y morales. No es de extrañar que en privado se perciba su temor a que, si el otro bando triunfase, muchos de los principios básicos que han guiado sus elecciones y sus vidas quedarían devaluados.

Para la mayoría de las mujeres que se enfrentan con la dura realidad del embarazo indeseado, estos argumentos teóricos y polémicos son demasiado abstractos. A la hora de la verdad, prefieren optar por seguir su propia intuición y sentido común. Esta es probablemente la razón por la que, consistentemente, las encuestas señalan que el índice de abortos es muy parecido entre las mujeres que se consideran religiosas y las que dicen no serlo.

Aunque cada día son menos, aún existen sociedades en las que el aborto marca y traumatiza a la mujer con el estigma del homicidio, con la reputación de frivolidad y con la incriminación por el daño autoproducido. No obstante, varios estudios demuestran claramente que cuando el aborto se lleva a cabo dentro de un contexto social que lo acepta, y la mujer recibe apoyo emocional, la mayoría de las mujeres se sienten profundamente aliviadas, menos angustiadas y más esperanzadas después de interrumpir el embarazo indeseado, especialmente si lo hacen durante los tres primeros meses de la gestación.

Las mujeres que con más frecuencia expresan una respuesta psicológica negativa al aborto suelen ser las que no tomaron la decisión libremente, las que tuvieron que interrumpir el embarazo de mala gana, por indicación médica, o por problemas genéticos del feto. No cabe duda de que las más desafortunadas son las mujeres que desean intensamente terminar su embarazo y no lo consiguen, pues además de sufrir depresión y ansiedad durante un largo tiempo, muchas de ellas terminan volcando, consciente o inconscientemente, su frustración y profundo resentimiento hacia el niño que nació de una gestación que trataron de evitar.

En efecto, uno de los resultados más inquietantes de los estudios realizados sobre el tema, demuestra que una alta proporción de los hijos de madres que no logran obtener el aborto que buscan acaban padeciendo daños emocionales duraderos importantes. Estos hijos indeseados, cuando llegan a la edad adulta, sufren con mucha frecuencia trastornos mentales y de conducta, depresión, alcoholismo y drogadicción; en muchos casos expresan insatisfacción con la vida, y tienen a menudo problemas con la ley.

En la actualidad, la medicina oficial tolera más la interrupción del embarazo, aunque en todas las sociedades todavía hay unos médicos que lo practican y otros que, al considerarlo contrario a sus principios, se resisten a hacerlo. Paralelamente, cada día se dispone de métodos más seguros, rápidos y efectivos para abortar. Sin embargo, el procedimiento resulta particularmente desagradable para los médicos y enfermeras cuando se efectúa después del primer trimestre de gestación, ya que si el embarazo está muy avanzado, la técnica es semejante a la del parto y la apariencia del feto es parecida a la de un recién nacido. Es comprensible que apegados al principio de defender la vida a toda costa, y no siempre conocedores de la carga inmensa que supone un embarazo indeseado, algunos médicos sientan una cierta incomodidad y ambivalencia a la hora de practicar un aborto.

Dentro de la pareja, compartir la decisión y la experiencia de interrumpir la gestación puede ser difícil para ambos, pues con frecuencia albergan sentimientos conflictivos sobre la responsabilidad y el papel que cada uno jugó en el embarazo. Como indica el médico Myron K. Denney, por razones biológicas obvias, el varón sólo puede experimentar el embarazo como un concepto abstracto, como algo fuera de él. Por consiguiente, su opinión sobre el aborto suele estar formulada en términos más teóricos y filosóficos que pragmáticos. A partir de la fertilización, el hombre se involucra en el embarazo sólo en la medida que se lo permite la mujer o en función de sus propios sentimientos y principios.

El papel del hombre en la maternidad ha sido tradicionalmente marginal. Sin embargo, cada día son más las parejas que deciden compartir íntimamente el proceso completo de la reproducción. Bajo estas circunstancias, para algunos hombres el aborto también supone un dilema conflictivo, ya que los sentimientos de ansiedad y de frustración se acentúan ante la impotencia de no poder controlar la decisión de mantener o terminar el embarazo, a lo que se le une el desengaño colectivo existencial, más profundo e irremediable, de no poder acceder a la maternidad.

En realidad, el dilema humano del aborto no se va a resolver con manifestaciones públicas ni con dictámenes judiciales, sino en las mentes y corazones de los hombres y mujeres. Pues la interrupción del embarazo no es simplemente una cuestión de elegir entre los absolutos de la vida y la *no vida;* la opción del aborto nos enfrenta con el imperativo de reconocer el derecho de la mujer a tomar decisiones sobre situaciones que implican enormes consecuencias para su cuerpo y para su futuro, y con las graves secuelas de la concepción indeseada.

Inevitablemente, al afrontar el tema del aborto nos cuestionamos muchas cosas, incluyendo la filosofía de la existencia, nuestro respeto por la calidad de vida y el significado de la maternidad. Pero, sobre todo, aprendemos algo sobre nosotros mismos y nuestra capacidad de sentir *empatía* hacia la mujer, de ponernos sencillamente en su lugar, de vivenciar genuinamente la realidad femenina de nuestro tiempo.

5. Aprender a envejecer

> Agobiadas por las limitaciones físicas y por un futuro que parece más inevitablemente finito que nunca, las personas que se acercan al final del ciclo de la vida se esfuerzan por aceptar un pasado inalterable y un futuro desconocido, por reconocer sus fallos y descuidos, y por equilibrar la desesperanza con el sentimiento de integridad tan esencial para seguir adelante. Quizá por primera vez, se dan cuenta de que la muerte está próxima. Con su perspectiva especial sobre el ciclo de la vida, estas personas se encuentran en una posición ideal para servir de guías a quienes les siguen, mientras se afanan por encontrar un mentor para enfrentarse a su propio futuro y al mañana de nuestro mundo.
>
> Erik H. Erikson, *Envolvimiento vital en la vejez,* 1989.

Este siglo a punto de concluir se caracteriza por el aumento triunfante de la duración de la vida, por la victoria de la longevidad. Como resultado de los espectaculares avances de la ciencia y la tecnología médicas, del mejoramiento de la nutrición, del progreso de la información, de la divulgación sobre salud pública y, en definitiva, de la superior calidad de vida, más del 13 por 100 de la población actual del mundo occidental supera ya los sesenta y cinco años de edad.

El porcentaje de personas con más de ochenta y cinco años está aumentando en una proporción varias veces más alta que la del resto de la población. Cada día hay más y más gente que vive una vida completa y su supervivencia se acerca al límite biológico de la existencia del ser humano, que hoy se calcula en los ciento catorce años.

El psicólogo norteamericano de origen alemán Erik H. Erikson ha descrito recientemente la última etapa del ciclo de la vida, a la que ha caracterizado por la sabiduría. Según Erikson, la sabiduría en la vejez se armoniza con una actitud realista y despegada hacia la inevitabilidad de la muerte, e integra la esperanza, la voluntad, el amor y el interés por los demás. A su vez, los mayores manifiestan la sabiduría con ecuanimidad, tolerancia, profundidad, coherencia, y con la capacidad de observar y distinguir lo importante y trascendental de lo que no lo es.

Todavía no se sabe con certeza la causa del envejecimiento ni cómo este proceso natural está programado en los genes humanos. Tampoco conocemos con exactitud la relación entre la velocidad del deterioro progresivo del cuerpo, la longevidad de los antepasados, la herencia, el estilo de vida y las enfermedades propias de la edad como la arteriosclerosis y el cáncer. En el terreno psicológico sabemos, sin embargo, que circunstancias como la adaptación psicosocial del individuo, una infancia feliz, la cohesión de la familia, y las relaciones con los padres que suscitaron confianza e iniciativa en la niñez, están relacionadas con el bienestar durante los años de la vejez. Otros factores influyentes que se encuentran más directamente bajo el control de la persona de edad avanzada, incluyen la habilidad para desarrollar nuevas estrategias que permitan enfocar las limitaciones del día a día de una forma gratificante, la disposición para llevar a cabo un repaso benévolo de la vida ya pasada, la capacidad para conservar un cierto grado de autonomía y, sobre todo, la aptitud para mantener una interacción física, emocional y social con el mundo circundante.

Aunque la edad exacta en la que comienza esta fase final de la vida varía según la persona, la sociedad con la que convive y la cultura en la que habita, en el mundo industrializado de Occidente las consecuencias y vicisitudes de la vejez que describo a continuación, por lo general, se aprecian claramente a partir de los setenta años.

A lo largo de la vida, algunas personas prevén, más o menos conscientemente, el carácter final de la tercera edad y experimentan fugazmente el temor a *no ser,* mientras que otras se imaginan la ancianidad a través de sus abuelos u otras personas cercanas de edad avanzada. No obstante, la mayoría, amparada por su aprensión personal hacia la muerte o por la negación masiva del envejecimiento que ejerce la sociedad moderna —especialmente en el medio urbano—, elude hasta el final su senectud y no se prepara para esta última etapa. Como consecuencia, muchos longevos tienen que superar grandes obstáculos, unos biológicos, otros emocionales, y otros impuestos por la cultura y la ecología psicosocial de nuestro tiempo.

La ancianidad es la etapa más ignorada y descuidada del ciclo de la vida humana. De hecho, a muchas sociedades les es más fácil aproximarse al tabú de la muerte que al largo período que habitualmente la precede. Mientras la muerte es ciertamente un momento dramático, la vejez implica enfrentarse día tras día y año tras año con abrumadoras fuerzas biológicas, psicológicas y sociales, así como con los mitos y estereotipos culturales que rodean el proceso evolutivo del final de la vida.

Sin embargo, la preparación para vivir más felizmente la tercera edad es posible. En la actualidad los expertos están de acuerdo en que la adaptación de las personas a las condiciones psicológicas y sociales que van a regir sus últimas décadas de vida es más importante que ahorrar dinero, elegir el lugar donde vivir después de jubilarse, o desarrollar aficiones favoritas para pasar el tiempo de ocio. Como escribió Simone de Beauvoir en su tratado sobre el envejecimiento, «la solución para que la vejez no se convierta en una caricatura de la vida anterior es continuar fijándose metas que den significado a nuestra existencia, esto es, dedicarse a personas, grupos o causas, al trabajo social, político, intelectual o artístico... Desear pasiones lo suficientemente intensas que nos impidan cerrarnos en nosotros mismos... Apreciar la vida de los demás a través del amor, la amistad, la indignación, la compasión... Y vivir una vida de entrega y de proyectos, de forma que podamos mantenernos en este camino incluso cuando todas las ilusiones hayan desaparecido y nuestro fervor por vivir se haya extinguido».

Pienso que de la misma forma que a los niños y adolescentes se les enseña y prepara intensamente durante años a afrontar las vicisitudes de la edad adulta, los adultos, a su vez, deben aprender activamente a envejecer, a conocer y a superar los desafíos de la longevidad que lentamente, pero sin remedio, invade su ser.

En primer lugar, ante la senectud hay que aprender a adaptarse a una perspectiva diferente del tiempo, pues, tras estar acostumbrados a planear para el futuro durante la mayor parte de la vida, a *sembrar,* a estudiar o trabajar y a privarse de placeres inmediatos con el fin de recibir o recoger los frutos y recompensas del mañana, los mayores se enfrentan progresivamente con la incertidumbre preocupante de un futuro que cada día se acorta más, lo que hace que los proyectos a largo plazo no tengan sentido. En la última etapa de la existencia no se aspira tanto a los logros por conseguir como a la experiencia de subsistir en un presente que es breve, que se transforma súbitamente en pasado. De hecho, permanecer vivos representa para muchos ancianos la única meta que sienten tener capacidad para perseguir. Por lo general, pocos longevos reflexionan o se preguntan directamente sobre este último misterio que es el fin, ya que la mayoría prefiere ignorarlo por completo, mientras que otros se acercan a la religión y sus rituales como fuente de ilusión esperanzadora de inmortalidad espiritual y de consuelo.

En segundo lugar, a medida que el futuro se marchita, el pasado se revaloriza, pues en la vejez es importante repasar con benevolencia el ayer, aceptar la inalterabilidad de la vida ya pasada y reconciliarse con los conflictos que no se resolvieron, con los errores que no se rectificaron y con las oportunidades perdidas. Al mismo tiempo, es valioso reconocer a lo largo de este proceso que ya no se dispone de tiempo para volver a caminos que no se recorrieron. El mayor peligro de cualquier revisión crítica de un pasado irreversible es que puede provocar fácilmente culpabilidad, resentimiento, e incluso odio hacia uno mismo.

En tercer lugar, es esencial mantener en lo posible una cierta autonomía y una vida independiente, lo que no siempre es una tarea fácil, ya que durante esta fase tardía de la vida existen múltiples amenazas contra la autodeterminación, y la energía es limitada. Por un lado, el envejecimiento del cuerpo y de los sentidos disminuye la libertad de acción, mientras que los órganos internos llaman la atención constantemente con su mal funcionamiento. Por otro, las condiciones económicas, que por lo general empeoran en la vejez, restringen la capacidad de tomar decisiones libremente. Las aptitudes psíquicas y sociales también se van mermando. En definitiva, es como si el proceso natural del desarrollo hubiese dado marcha atrás.

Contrariamente a la creencia tan extendida que equipara ser viejo y estar enfermo, o al mito que identifica la ancianidad con la senilidad, el desinterés, la inutilidad y la invalidez, en realidad más del 80 por 100 de las personas de edad avanzada mantienen una vida activa y relativamente autosuficiente. La vejez no es intrínsecamente ni vulnerable ni eminente; como las otras etapas de la vida, los años finales ofrecen sus propias alegrías, sus miedos, sus frustraciones y sus posibilidades.

La ecología urbana de nuestros días idealiza la juventud. Lo viejo es feo, no sirve, se tira. Con excepción de esos afortunados ancianos con recursos y disciplina, que se conservan como el marfil antiguo o los vinos de reservas especiales, la imagen de los hombres y mujeres de edad avanzada es vulnerable a estos estereotipos y expectativas. De hecho, a menudo ellos mismos se consideran poco atractivos, asexuales, superfluos e incapaces de atraer afecto. Como respuesta, unos tratan de evitar a toda costa parecer mayores, lo que a menudo da lugar a actos fallidos y humillaciones. Otros, por el contrario, optan por evadir todo tipo de actividades gratificantes y placenteras, aunque estén en condiciones de gozarlas, porque las consideran indecorosas o contrarias a las convenciones sociales. Algunos también se sienten abrumados, tristes y deprimidos, pero esta melancolía frecuentemente ni se diagnostica ni se trata, porque se considera «algo normal» de la vejez.

Se pinte como se pinte, la jubilación a menudo da lugar a la falta de autonomía y a un amargo sentimiento de inferioridad y de rechazo, especialmente para quienes el trabajo representa la fuente principal de autoestima y gratificación. Aparte del daño que produce a los individuos afectados, el desecho o arrinconamiento indiscriminado de la población trabajadora de edad avanzada supone una aproximación sociopolítica cruel y simplista. Además, resulta paradójico, dado que tanta gente se queja del creciente *índice de dependencia* o carga que los mayores imponen en las generaciones más jóvenes. Para los que viven solos o no tienen familia —situación que cada día es más común—, la pérdida irremediable del trabajo supone a menudo mucho más: el retiro forzoso de la vida.

Los que cuentan con sus hijos también suelen sufrir el peso de la dependencia. Muchos ancianos son testigos impotentes de la lucha de sus hijos para poder mantenerles. Para los hijos, a su vez, la labor resulta igualmente dolorosa, tanto por la enorme magnitud de la responsabilidad como por los sentimientos de culpa y rencor que frecuentemente se producen.

En nuestra sociedad, las mujeres de edad avanzada tienen por lo general más dificultades que los hombres. La mujer no sólo vive un promedio de unos siete años más que el hombre, sino que además suele casarse con hombres mayores. Como resultado, casi dos tercios de las féminas ancianas en los países occidentales son viudas y terminan su vida solas; un destino irónico si se tiene en cuenta que en su mayoría fueron educadas desde pequeñas para el matrimonio y la familia, hasta hace poco la única alternativa socialmente aceptable.

Para un grupo reducido de ancianos incapacitados, afligidos por serias enfermedades, que viven solos o en familias con pocos recursos, el coste de sus cuidados constantes que requieren en la casa puede alcanzar niveles astronómicos, y la única solución es la institucionalización. Desgraciadamente, muchas de las residencias para ancianos son inadecuadas, están orientadas exclusivamente hacia fines lucrativos y no proveen los cuidados, las atenciones y los estímulos necesarios. Los más desafortunados son quienes terminan sus días sufriendo el aislamiento y el olvido, víctimas de la indiferencia burocrática institucional, aislados de sus seres queridos, sumidos en el estupor, confusos, y desahuciados.

En la vejez, el miedo al abandono, a la invalidez y a la soledad son las fuentes principales de angustia. Consecuentemente, la concxión o la participación y envolvimiento con el entorno social es la condición fundamental para vivenciar una última etapa feliz. Para muchos longevos, la fuente más profunda de gratificación es la experiencia de ser abuelos y el poder participar, aunque sea indirectamente, de la vida de los hijos y de los nietos. Sin embargo, la transformación gradual de la familia extendida, que incluía padres, hijos, abuelos, tíos y primos, en una unidad nuclear, más pequeña y autónoma, compuesta solamente por los padres y por pocos o ningún hijo, hace imprescindible que los mayores compensen la falta de ambiente familiar con otras actividades sociales.

Ciertamente, la interdependencia y los lazos multigeneracionales, dentro y fuera de la familia, ayudan a los mayores a mantener relaciones estimulantes y de cariño, a compartir experiencias pasadas y presentes vitales, y a superar el aislamiento que produce la muerte del cónyuge, de los amigos, y de otros compañeros de vida. Después de todo, como las leyendas nos enseñan, los mayores son los transmisores de las tradiciones, los guardianes de los valores ancestrales, el eslabón que une las generaciones. En este sentido, la vejez aporta la inmortalidad de la continuidad generacional, la única que razonablemente se puede ofrecer.

Es evidente que la cultura de la gran ciudad con demasiada frecuencia desestima la madurez y la experiencia que acompañan a la vejez, margina sistemáticamente a los viejos, nutre constantemente los prejuicios y los crueles estereotipos sobre la tercera edad, y niega fútilmente el envejecimiento. Sin embargo, no existe mejor prueba del progreso, del desarrollo y de la civilización de un pueblo que su capacidad para aceptar la dignidad del proceso vital en su totalidad, y su firmeza para adoptar una actitud generosa, de respeto y de apoyo hacia las personas de edad avanzada.

En definitiva, el hombre y la mujer contemporáneos deben prever conscientemente el envejecimiento y aprender a envejecer, para lograr que su última etapa de la vida sea una experiencia de sabiduría, de benevolencia, de autonomía y de participación. Hoy, una vida larga ya no es el privilegio de unos pocos, sino el destino de la mayoría. El desafío es vencer los estereotipos adversos que existen de la vejez, tanto en la sociedad como dentro de nosotros mismos.

6. El hambre de perfección

> La neurosis es una forma especial de desarrollo del ser humano, y dado el desperdicio de energía constructiva que ocasiona, es un proceso especialmente desafortunado... Bajo circunstancias de estrés, la persona se aleja de su *ser real* y desplaza la mayor parte de sus energías hacia la tarea de transformarse en un ser absolutamente perfecto, de acuerdo con un sistema de rígidos preceptos. Porque sólo la perfección divina logrará satisfacer su imagen idealizada y complacer su orgullo de haber conseguido los grandiosos atributos a los que aspira.
>
> Karen Horney, *La neurosis y el desarrollo humano,* 1950.

En los países de Occidente, la gran mayoría de las mujeres y una proporción de hombres, que aunque menor continúa creciendo, están hoy colectivamente obsesionados con su apariencia. Algunos pensadores señalan que desde el principio de la humanidad la mujer ha sido víctima de su figura corporal, y apuntan como ejemplo al Génesis que describe cómo Dios creó al hombre a su imagen y semejanza, mientras la primera fémina surgió de una simple costilla del hombre. Independientemente de que la herencia de la religión judeo-cristiana fomente la discriminación entre los sexos, la realidad es que la cultura occidental es injusta y parcial, pues tiende a favorecer desproporcionadamente ciertos principios patriarcales como el trabajo, el dinero y el poder, a costa de otros valores más humanos, interpersonales y tradicionalmente femeninos.

Las altas expectativas que alberga la sociedad masculina exaltan típicamente la ambición; entre tanto, las rigurosas exigencias que recaen sobre la mujer resaltan la belleza física. Consecuentemente, según la mayoría de las encuestas que se hacen sobre este tema, mientras sólo un hombre de cada diez dice estar insatisfecho con su cuerpo, un tercio de las mujeres afirman sentirse «altamente» descontentas con el suyo.

En definitiva, si bien la preocupación con la apariencia física afecta a ambos sexos, es evidente que por razones históricas, culturales y sociales, el papel que juega la imagen corporal en la vida de la mujer contemporánea es, hoy por hoy, enormemente significativo.

La lucha de las mujeres, tanto por alcanzar la imagen ideal que les impone la ecología urbana de nuestros días —y que la gran mayoría de ellas acepta sin discusión— como para evadir el estigma de la imperfección de su figura, es más dura en las ciudades del mundo industrializado que en cualquier otro sitio. En las urbes se pueden encontrar abundantes y dramáticos ejemplos del elevado precio emocional y social que tantas féminas están dispuestas a pagar por conseguir la pureza física, hasta el punto que podría decirse que los avances económicos, sociales y personales logrados por la mujer durante las últimas décadas, al amparo del ímpetu feminista, están siendo menoscabados por la fobia a la figura imperfecta. La esclavitud de la apariencia consume enormes cantidades de energía y de creatividad. Asimismo, la obsesión con el tipo aviva la competitividad hostil entre las féminas y, como consecuencia, las debilita en su pugna por conseguir la justa igualdad socioeconómica con el hombre.

Como ha expresado recientemente la escritora norteamericana Naomi Wolf en su obra *El mito de la belleza,* algo importante falla en la relación entre la liberación de la mujer y la belleza femenina, pues aunque en los últimos años las mujeres han abierto una brecha definitiva en la estructura social del poder masculino, en este mismo período la preocupación de las féminas con la perfección del cuerpo ha aumentado geométricamente y la cirugía estética de la mujer se ha convertido en la especialidad médica más floreciente y lucrativa de nuestros tiempos. Hoy día, no cabe duda de que existen más mujeres que nunca manejando o influenciando las altas finanzas y decisiones de muchos países, pero al mismo tiempo una gran parte de estas féminas prestigiosas y poderosas se sienten *físicamente* peor que sus sojuzgadas abuelas. Según Naomi Wolf, «en el interior de la mayoría de las mujeres occidentales profesionales, atractivas, independientes y aparentemente triunfadoras, yace una vida clandestina imbuida de nociones de belleza que está envenenando su libertad; una vena oscura repleta de odio hacia sí mismas, de obsesiones corporales, de terror a envejecer y de pánico a perder el control».

En los últimos años, gracias a los movimientos feministas, la mujer de la ciudad ha logrado verdaderamente penetrar en el reino exclusivo de la economía, de los negocios, de las profesiones y del poder político, controlado tradicionalmente por el hombre. Por ejemplo, entre 1960 y 1990, el número de féminas norteamericanas abogadas aumentó de unas 8.000 a 180.000; el de ingenieros, de 7.400 a 170.000, y el de políticos locales electos, de 4.000 a 18.000. A pesar de estos avances espectaculares recientes de la mujer, en su camino hacia la igualdad en las oportunidades económicas y de trabajo con el hombre, no cabe duda que todavía existe un enorme desequilibrio entre los dos sexos. Por otra parte, a medida que la población femenina progresa, se libera y va superando los obstáculos que históricamente la cultura ha interpuesto en su camino hacia la realización, paradójicamente los criterios sociales de belleza y perfección externa se hacen más exigentes e inalcanzables. Al mismo tiempo, los comportamientos compulsivos de las féminas orientados a lograr estos imperativos estéticos son considerados cada vez más egocéntricos, narcisistas y patológicos.

Aunque todas las partes visibles del cuerpo son el blanco de críticas escrupulosas, de expectativas perfeccionistas y de desilusiones amargas, el afán de adelgazar en busca de la figura perfecta raya en lo fanático, se ha convertido en una compulsión femenina tan fuerte como una convicción religiosa. A lo largo de la Historia, cada era ha impuesto sus propios valores e ideales, y en nuestro tiempo la gordura en la mujer se considera antiestética y un signo de debilidad de carácter, mientras que el triunfo de la fuerza de voluntad sobre impulsos e instintos naturales como el hambre representa la virtud por excelencia. Por tanto, la delgadez ofrece a estas mujeres *hambrientas de perfección* una posibilidad única de exhibir públicamente que han logrado las dos metas, tanto la belleza como el autocontrol.

En Estados Unidos, al igual que en Europa, nunca se ha registrado un índice tan alto de mujeres que se sienten desgraciadas a causa de su físico y, en especial, de su exceso de peso, sea real o imaginario. Según varias encuestas recientes, hasta un 75 por 100 de las adolescentes norteamericanas se han sometido en algún momento a dietas para adelgazar, a pesar de que sólo el 12 por 100 tiene un peso superior a la norma médica. Para muchas jóvenes, el terror a la obesidad supera al miedo a la muerte; perder peso es más importante que los estudios, que los triunfos en la profesión, que la amistad e incluso que los éxitos amorosos.

Frente al esfuerzo infatigable de tantas mujeres por alcanzar la perfección corporal, la imagen idealizada de la silueta juvenil, delgada, proporcionada y erótica, que celebra y glorifica la cultura a través de los medios de comunicación de masas, la trágica y desalentadora realidad es que ese mítico ideal se encuentra fuera de los límites biológicos de la mayoría. Por ejemplo, estudios sobre el arquetipo corporal de la mujer estadounidense indican que la imagen ideal está representada por ciertas estrellas de cine, por participantes en los concursos de *Miss América* y por algunas modelos, quienes miden por término medio 1,74 metros y pesan 60 kilogramos; como contraste, la población femenina general mide un promedio de 1,63 metros y pesa 66 kilogramos. Consecuentemente, se calcula que en la actualidad apenas un 4 por 100 de las féminas tienen la posibilidad de aproximarse al físico idealizado por la cultura de Hollywood, la Avenida Madison de Nueva York y las revistas del corazón y de modas. A pesar de esta realidad incuestionable, millones de mujeres se sienten fracasadas y hasta culpables por no satisfacer las expectativas del mundo que les rodea, como si reconocieran implícitamente que su cuerpo no les pertenece, que forma parte del dominio de la sociedad.

En la última década se ha observado un aumento espectacular del índice de enfermedades como la anorexia y la bulimia, perturbaciones psicológicas de la personalidad y especialmente de la alimentación y de la imagen corporal, caracterizadas, en el primer caso, por la aversión inexorable a la comida, y en el segundo, por episodios de voracidad seguidos de purgas y de otras actividades para adelgazar. Estas dolencias, que pueden llegar a ser mortales por inanición, afectan casi exclusivamente a la mujer, y su prevalencia ya alcanza el 20 por 100 de la población femenina entre los dieciocho y los cuarenta y cinco años de edad.

Detrás del hechizo de la anorexia se descubre un conflicto letal entre la mente y el cuerpo, una lucha patética, fútil y desesperada por conseguir armonizar el autocontrol y el ascetismo inexorables con la belleza física más descarnada y, de paso, conquistar la ferviente admiración del mundo. Franz Kafka ilustró el drama de este conflicto en su relato *El virtuoso del hambre,* en el que describe a un hombre anoréxico tan hábil y creativo en la conquista del hambre y de la naturaleza, que se convirtió en uno de los espectáculos artísticos más famosos de su tiempo. Este actor era visitado continuamente por multitudes de admiradores fascinados por su proeza:

> Todo el mundo quería verle, por lo menos una vez al día, había gente que compraba entradas para varios días y se sentaba desde por la mañana hasta por la noche en frente de la pequeña jaula con barrotes. Incluso durante la noche había horas de visita, cuando el espectáculo se realzaba al resplandor de las antorchas. En los días buenos sacaban la jaula al aire libre, y ver al virtuoso del hambre era entonces el deleite especial de los niños, quienes se quedaban con la boca abierta, se cogían de las manos para mayor seguridad, maravillados de verle sentado allí, pálido, en mallas negras, con las costillas sobresaliendo tan prominentes, ni siquiera en un asiento, sino en el suelo entre paja, a veces asintiendo con la cabeza cortésmente, o contestando brevemente una pregunta con una sonrisa forzada, o quizá alargando un brazo entre los barrotes para que pudieran sentir lo enflaquecido que estaba.

El creciente interés entre los profesionales de la psiquiatría por estas anomalías típicas de nuestra época es claro en Norteamérica desde 1987, cuando los trastornos de la percepción del cuerpo, como la preocupación obsesiva patológica con la fealdad y especialmente con la *obesidad imaginaria,* fueron incluidos por vez primera en la clasificación oficial de enfermedades mentales. La fobia a la gordura, o, mejor dicho, a la representación mental o a la idea de la gordura, produce estados profundos y continuos de ansiedad y de depresión, aísla socialmente a la mujer, la incapacita, la hace inefectiva y la impulsa a sumergirse en conductas autodestructivas como ayunos prolongados, dietas rigurosas, ejercicios exhaustivos, vómitos autoprovocados, o el abuso de píldoras para adelgazar, de laxantes o de diuréticos.

En su intento desesperado por dominar la naturaleza y encontrar la armonía vital, estas dolientes se vuelven esclavas del espejo y de la báscula, y clientes asiduas de especialistas de la nutrición, endocrinólogos, cirujanos plásticos, o psicólogos conductistas. En la mayoría de los casos, éstos son esfuerzos vanos, ya que la búsqueda de metas inaccesibles y de expectativas exorbitantes crea en definitiva *ilusiones malignas* que destruyen cualquier posibilidad de autoaceptación.

Aunque la causa exacta de estas alteraciones psicológicas se desconoce, no hay duda de que la ciudad las exacerba. La ecología urbana contemporánea, competitiva y exigente, que glorifica la juventud y devalúa el papel de madre en la mujer, configura y acentúa los valores e ideales de belleza y perfección que nutren estos trastornos. Además, el valor de la apariencia es mayor en las metrópolis donde la alta densidad de población facilita los encuentros cara a cara, múltiples, breves, superficiales e impersonales, que realzan la importancia de las primeras impresiones.

Es evidente que los medios de comunicación de masas, parte vital de la esencia de la urbe, fustigados por la floreciente y poderosa *industria de la belleza* —la moda, los cosméticos, las dietas, la cirugía estética, y los gimnasios— ejercen una enorme influencia al definir, legitimar y propagar el modelo corporal de belleza y perfección, a la vez que perpetúan los estereotipos del sexo femenino. Así pues, en muchas sociedades contemporáneas, coincidiendo con la desvalorización de la maternidad, cada día existe una dicotomía mayor entre la imagen que los medios de comunicación identifican como la *figura femenina,* representada por el prototipo idealizado de joven delgada, activa, independiente y en control de la situación, y la *figura de mujer,* madura, maternal, benevolente y físicamente más cercana a la norma de la población general.

El impacto de la cultura urbana y de los medios sobre estos valores se aprecia claramente, por ejemplo, en Rusia, donde al lado de los recientes ideales de libertad, democracia, reforma y apertura se ha importado el valor social de la imagen ideal occidental de belleza femenina, tan opuesta a las *matryoshkas* —la colección de muñecas redondeadas y maternales que encajan unas dentro de otras— paradigmáticas del ama de casa rusa feliz. Especialmente en las grandes ciudades, sólo las féminas cuyo físico se acerca al modelo ideal de la cultura occidental acceden con facilidad a los escasos trabajos bien remunerados. Asimismo, en China, también como resultado de la influencia de los medios occidentales, especialmente de la televisión, la silueta femenina más bien robusta y de cara redonda, idealizada durante la culta y floreciente dinastía de Tang, y hasta hace poco un signo de abundancia y de buena fortuna, se ha desprestigiado y ha perdido su atractivo. De hecho, las clínicas de acupuntura para adelgazar se están popularizando rápidamente en las grandes metrópolis del país asiático.

No son pocas las feministas que aducen que la importancia de la figura corporal de la mujer no tiene nada que ver con la condición femenina, y ven en todos estos montajes una conspiración por parte de la sociedad y de las instituciones masculinas. Los hombres, argumentan, consciente o inconscientemente, temen la capacidad y la libertad de la mujer y fomentan esta neurosis colectiva del culto al cuerpo, con el fin de frenar la liberación femenina, de erosionar el papel de las mujeres en el mundo del poder, y de mantener su estado de subordinación social y económica. Como resultado, muchas mujeres pagan con su libertad el mito de la belleza.

En realidad, los hombres, por su parte, aceptan e incluso necesitan la imagen física ideal del sexo femenino, al usarla no sólo como criterio para juzgar a las mujeres, sino también para realzarse indirectamente ellos mismos si sus compañeras o acompañantes lucen las deseadas cualidades. Para algunos, la mujer es efectivamente una posesión, y su belleza es como una especie de moneda en la economía de mercado y de consumo. Para las feministas, sin embargo, la importancia de la figura corporal de la mujer no tiene tanto que ver con la condición femenina como con los hombres y su motivación por mantener la hegemonía socioeconómica en la sociedad.

Evidentemente, para muchas mujeres de hoy, el atractivo de estar delgadas es el único mensaje claro y coherente que reciben de la sociedad y, como consecuencia, el atributo más importante al que aspiran, a pesar de que interfiere con su individualización, sus opciones y su libertad. Algunos comparan el enorme desgaste y desperdicio de tanto talento femenino que supone esta cruzada fútil en busca de la perfección del cuerpo, con una imparable fuga de cerebros de consecuencias devastadoras para la sociedad y, en particular, para tantas mujeres que luchan por su realización y por una justa posición de igualdad social, política y económica con el hombre. De hecho, es posible que el culto al cuerpo y el hambre de perfección que obsesionan a las féminas de nuestro tiempo sean el enemigo más formidable de la liberación de las mujeres. Después de todo, como se ha dicho, la dieta es el sedante sociopolítico más poderoso en la historia de la mujer.

7. Homosexualidad y salud mental

> La homosexualidad ocurre en personas que no muestran ninguna desviación de lo normal, en individuos cuya capacidad para funcionar está intacta, quienes se distinguen a menudo por su superior desarrollo intelectual y por sus principios éticos.
>
> Sigmund Freud, *Tres ensayos sobre la teoría de la sexualidad,* 1925.

Se calcula que actualmente el 7 por 100 de los hombres y el 3 por 100 dc las mujeres de los países occidentales son exclusivamente homosexuales. Es obvio que los índices de homosexualidad pasajera o bisexualidad son considerablemente más altos. Por ejemplo, según las investigaciones del conocido sociólogo estadounidense Alfred Kinsey, el 37 por 100 de los varones norteamericanos ha consumado al menos una relación homosexual en su vida. Esta sorprendente conclusión refleja claramente la enorme discrepancia que existe entre las pautas sociales idealizadas y las conductas sexuales reales, entre lo culturalmente anormal y lo estadísticamente normal.

Aunque la incidencia de la homosexualidad parece afectar uniformemente a la especie humana, tanto la concentración como la visibilidad de hombres y mujeres homosexuales varían según el grado de tolerancia y benevolencia de la sociedad hacia esta orientación sexual. Se supone que la mayor parte de los hombres y mujeres homosexuales viven en las metrópolis. La ecología de la urbe, con su libertad, sus opciones, y su amplia aceptación del pluralismo y la diversidad, provee un medio más indulgente para conductas y preferencias sexuales distintas. No obstante, incluso en los centros urbanos más modernos, tolerantes y liberales, se detectan con facilidad sentimientos profundamente arraigados de hostilidad y de conflicto hacia los homosexuales, por la amenaza que plantean contra los principios y normas sociales y la cultura tradicional.

Excepto en contadas excepciones, en los últimos 2.000 años la homosexualidad ha sido considerada un tabú, una abominación. El mismo diseño anatómico humano parece revelar un plan divino para el uso apropiado de los órganos sexuales, en el cual la atracción sexual entre el hombre y la mujer es como una fuerza milagrosa destinada únicamente a la procreación. Quizá por ello, el rechazo de la homosexualidad ha existido desde tiempos bíblicos. La historia de Sodoma y Gomorra, ciudades irredentas conocidas como antros de lujuria y de lascivia, que fueron arrasadas por la ira de Dios, constituyó en la antigüedad un dramático ejemplo disuasor de lo que podía sucederles a las urbes que toleraban la homosexualidad u otros comportamientos sexuales *contra natura*.

Consecuentemente, las relaciones sexuales entre personas del mismo sexo se han visto históricamente como un peligro para la supervivencia humana y la familia, una violación de la naturaleza, una grave transgresión, un vicio vergonzante y, en ciertas sociedades, un crimen. Por estas razones, no sólo se discrimina a los homosexuales socialmente, incluso en el seno de su propia familia, sino que a menudo son objeto de constante represión, desprecio, humillación, ridículo y repugnancia.

Todavía no se conoce la causa de la homosexualidad. Unas explicaciones culpan a los genes, la herencia y la naturaleza, mientras que otras lo imputan a la crianza. Hay teorías que se basan en causas biológicas, como las hormonas prenatales, especialmente los andrógenos y los estrógenos, que son responsables de la configuración masculina o femenina del sistema nervioso central. En 1991, investigadores norteamericanos detectaron una importante diferencia en el tamaño del hipotálamo —área del cerebro que regula las emociones— entre hombres homosexuales y heterosexuales. Sin embargo, otras teorías achacan la homosexualidad a ciertas experiencias de la niñez. Una proposición bastante popular es que la adaptación homosexual que comienza en la infancia está causada por un padre o una madre que, por razones diversas, son modelos inadecuados para la identificación del hijo o de la hija.

Los psicoanalistas aducen que si bien la homosexualidad es un estadio en el desarrollo psicosexual del ser humano y, por tanto, una posibilidad en todas las personas, el problema es el resultado de una dislocación del equilibrio edípico entre padres e hijos. Alteración que da lugar a que el niño o niña sientan un interés sexualizado hacia el padre de su mismo sexo y se identifiquen con el padre del sexo opuesto. Ciertos psicoanalistas ven también la homosexualidad como la consecuencia de una intensa angustia de castración producida por impulsos infantiles heterosexuales incestuosos. Sin embargo, estas suposiciones han sido rechazadas por quienes opinan que la homosexualidad se aprende y, por tanto, depende del impacto del medio sociocultural en el desarrollo de la orientación sexual del niño.

Independientemente de que se consideren causas innatas o adquiridas, el origen de la homosexualidad siempre desata polémicas y emociones apasionadas y contradictorias. Por ejemplo, muchos homosexuales acogen con satisfacción estudios que muestran que la identidad homosexual está biológicamente inscrita en el ser, que no se contagia ni es la consecuencia del desprecio de las normas sociales, ni la secuela de una infancia sórdida. Además argumentan que resulta difícil justificar la discriminación de los homosexuales por motivos éticos, morales o religiosos, cuando la causa de su condición está fuera de su control. Desde bases bien distintas, otros rechazan estas hipótesis orgánicas o biológicas, tachándolas de reduccionistas o de absurdas. Este grupo alega que no es posible que una zona del cerebro ni un cierto balance hormonal pueda influenciar definitivamente la complicada identidad sexual del ser humano, con sus ingredientes biológicos, psicológicos y socioculturales. No faltan tampoco quienes expresan preocupación y temor a que la bandera de la neurociencia se use bien para promover actitudes eugenésicas, bien para apoyar la noción de que la homosexualidad es una enfermedad.

Como ha sucedido tradicionalmente con otros estados mentales que armonizan valores sociales y conductas humanas, la psiquiatría ha intentado abordar el dilema de si la homosexualidad es enfermedad o no. Esta cuestión no ha seguido, sin embargo, métodos científicos rigurosos, ya que, al estar los conceptos de salud y enfermedad mental tan íntimamente ligados a las pautas morales y culturales del momento, la psiquiatría utiliza y asimila constantemente valores abstractos, como las demandas y expectativas de la sociedad a la hora de conceptualizar los trastornos mentales, sobre todo en el terreno de las neurosis y de las alteraciones de la personalidad o del comportamiento.

En 1952, cuando se llevó a cabo la primera clasificación de enfermedades mentales en Norteamérica, los homosexuales fueron considerados enfermos mentales que sufrían de una desviación sexual vinculada a una alteración psicopática de la personalidad. Esta concepción patológica, consistente con las costumbres y los principios conservadores de la época, fue más tarde puesta en tela de juicio por el movimiento homosexual pro derechos civiles.

Como ha descrito con detalle el sociólogo Ronald Bayer, inmediatamente después de que la psiquiatría considerara la homosexualidad un trastorno mental, muchos homosexuales respaldaron el traspaso de la definición social de sus vidas de las manos de las autoridades legales y religiosas al reino más indulgente de la psicología médica. Pensaron que era preferible ser considerados enfermos que viciosos o criminales, y mejor ser el foco de terapias benévolas que de las leyes penales. Años más tarde, sin embargo, la comunidad homosexual comprendió las consecuencias sociales negativas de ser marcada o etiquetada por otros, independientemente de la benignidad de los clasificadores y, abandonando su actitud de agradecimiento hacia la psiquiatría, se armó con las estrategias de la protesta social, y arremetió contra el dominio institucional psiquiátrico como blanco simbólico y poderoso representante de la sociedad opresora, en busca de su liberación final. Como resultado, la psiquiatría oficial se enzarzó duramente con los grupos liberales homófilos en un intenso y amargo debate público.

Firmes en que la simple tolerancia no era suficiente, los líderes del movimiento activista comenzaron a defender la homosexualidad como un «estilo de vida» que merecía la aceptación sin reservas de la sociedad. Al mismo tiempo, sintiéndose una minoría humillada y oprimida por las instituciones y las ideologías de la época que les negaban la dignidad, estos grupos de liberación homosexual se unieron al fuerte movimiento de los derechos humanos, promovido en Estados Unidos por la minoría de raza negra, y a los grupos feministas que habían surgido en los años sesenta. Todos estos colectivos denunciaron las tendencias sexistas convencionales como un reflejo del poder y la supremacía de los hombres heterosexuales, quienes tradicionalmente se habían mostrado renuentes o incapaces de reconocer tanto los deseos eróticos de las mujeres como de los homosexuales.

Ante el asombro del mundo de la medicina y de la ciencia, en 1974 la fuerza política de los grupos defensores de la causa homófila logró que la Asociación Americana de Psiquiatría, tras debatir intensamente las diferentes ideologías sobre el origen y las implicaciones de la conducta homosexual, sometiera a un referéndum democrático sin precedentes la validez diagnóstica de la homosexualidad. En el plebiscito, el 58 por 100 de más de 10.000 psiquiatras votó a favor de eliminar la homosexualidad de la clasificación oficial de enfermedades mentales.

Hoy, en muchos países occidentales ya no se considera la homosexualidad como una enfermedad mental. Sin embargo, algunos clínicos, particularmente psicoanalistas, aún continúan opinando que la perspectiva no patológica de esta disposición sexual supone una trágica capitulación a presiones extracientíficas. Esta postura contrasta con la visión más generosa y racional que el mismo Sigmund Freud tenía sobre los instintos, reflejada en su famosa respuesta a la carta de una madre americana quien, preocupada por la homosexualidad de su hijo, se dirigió a él en 1935. «La homosexualidad no es ciertamente una ventaja, pero no es para avergonzarse, no es un vicio, no es degradante, no se puede clasificar como enfermedad... Muchas personas muy respetables de tiempos antiguos y modernos han sido homosexuales, entre ellos grandes hombres, Platón, Miguel Ángel, Leonardo da Vinci. Perseguir la homosexualidad como un crimen es una gran injusticia y también una crueldad...», la confortó Freud.

Si consideramos la salud mental como la ausencia de enfermedad mental, como el sentimiento de que la situación global del ser humano tiene sentido y vale la pena, o como la capacidad de amar, trabajar y ser felices, es evidente que la homosexualidad en sí no es incompatible con la salud mental. De hecho, está ampliamente demostrado que muchas de las alteraciones psicológicas que se observan en algunos homosexuales son mera consecuencia de la exclusión, el estigma, el miedo, el aislamiento y la ruina social a que los condena una sociedad intolerante y hostil.

El intenso conflicto sobre la homosexualidad y el sufrimiento humano que conlleva nos desafía a esclarecer el valor social y el papel que desempeña el sexo en la existencia humana. En este sentido, a medida que las sociedades urbanas occidentales exigen más y más las libertades individuales, el consumo y la calidad de vida, la fuerza de los valores sobre los que se apoya el principio de la procreación, se debilita. Hoy día, la búsqueda del placer y la intimidad sexual se considera como un ingrediente esencial de la vida, y no como la antítesis de la supervivencia de la especie humana, de la civilización, o del orden social. Por el contrario, ciertos valores muy apreciados en otros tiempos como la inhibición, el control y la renuncia sexual, son apercibidos en la actualidad como virtudes anticuadas y superfluas.

Muchos de los deseos y comportamientos que en el pasado los hombres y las mujeres se sentían obligados a ocultar o reprimir, se han convertido hoy en normas sociales aceptadas. El éxito del movimiento defensor de la contracepción o del control de natalidad ilustra dramáticamente este cambio. Aunque la oposición a las prácticas anticonceptivas a través de los años ha sido feroz, las fuerzas de cambio al final han triunfado. Mientras se ganaba la batalla de la contracepción, se transformaban de paso los valores sexuales, con lo que la sociedad ha aceptado la práctica del sexo no procreador. Simultáneamente, una vez que la sociedad estuvo dispuesta a admitir el placer sexual como un fin, no tuvo más remedio que reexaminar su propia actitud sobre la homosexualidad.

A pesar de los cambios liberales de actitud sobre el sexo durante las primeras décadas del siglo XX, la aversión a las conductas homosexuales estaba tan profundamente arraigada en la tradición cultural de Occidente que sólo gradualmente, y gracias al enorme esfuerzo de los grupos activistas y al valor y la osadía de quienes exhibieron públicamente su homosexualidad, se consiguió desafiar la hegemonía heterosexual. No obstante, para muchos temerosos de los instintos humanos la poderosa fuerza seductora que posee la sexualidad, una vez liberada de la enorme carga y responsabilidad que supone la continuidad de la especie, hace necesario que perduren los principios morales, e incluso las leyes penales que repriman los impulsos sexuales sin fines conceptivos.

Desgraciadamente, en 1981 brotó la maldición devastadora del sida. Identificada por muchos como la «plaga gay», esta epidemia ha dado un revés dramático al avance de la causa homosexual y ha enfrentado a los hombres homosexuales con su mayor reto, probando hasta el límite su valor frente a esta última y cruel adversidad. El sida se ha convertido en un pretexto que muchos usan para justificar la vuelta a la discriminación homofóbica, mientras que para otros la plaga representa el «castigo de Dios contra una sociedad que no cumple con las reglas». Para quienes tienen mentalidad de culpar a la víctima, el sida es un razonamiento oportuno con el que repudian «intimidades ilícitas» mientras reafirman a su vez con ardor de cruzada los valores heterosexuales de la mayoría.

Aunque en algunos países occidentales los hombres y mujeres homosexuales han ganado justamente en las últimas décadas importante terreno en el camino hacia el reconocimiento, la igualdad, y el derecho a la intimidad sexual y a la relación de pareja, la realidad es que aún hoy los homosexuales continúan siendo víctimas de múltiples ideologías llenas de prejuicios que les niegan la dignidad en muchas comunidades. Pienso, sin embargo, que, al final, la sociedad no tendrá más remedio que reconocer que la homosexualidad no es una cuestión de salud mental ni un dilema moral, sino un reto sociopolítico y un desafío a nuestra capacidad de aceptar genuinamente, sin reproches ni aprensión, esta realidad humana.

8. El poder de los medios de comunicación

> Arquímedes dijo en una ocasión: «Dadme un punto de apoyo y moveré la Tierra.» Hoy, refiriéndose a los medios de comunicación, este sabio hubiera dicho: «Me apoyaré en vuestros ojos, vuestros oídos, vuestros nervios y vuestro cerebro y moveré el mundo de la forma y al ritmo que yo quiera».
>
> Marshall McLuhan, *Los medios de comunicación,* 1965.

Los medios de comunicación de masas están íntimamente entramados en la existencia de la ciudad y constituyen hoy un ingrediente natural e indispensable de la ecología urbana. La ubicuidad de la televisión, la radio, la prensa y otras vías de información y publicidad en nuestra vida diaria, es un fenómeno tan real como el aire que respiramos, la salida del sol o la fuerza de la gravedad.

Todos estamos expuestos a las ráfagas de estímulos que constantemente emiten los medios. Independientemente de la edad, el sexo, el estado de salud, el nivel de educación o el estrato social, todos vemos, escuchamos o leemos asiduamente los mensajes que nos transmiten día y noche los múltiples medios de comunicación de masas que nos rodean, para satisfacer nuestra necesidad casi instintiva de experimentar sensaciones, entretenernos, informarnos y aumentar nuestro saber.

Es evidente que la inmensa mayoría de los ciudadanos del mundo urbanizado de nuestros días no puede vivir sin relacionarse con los medios, y que muchos incluso dependen de ellos para sentirse realizados. De hecho, una larga lista de pensadores, entre los que se encuentran Erich Fromm y el sociólogo estadounidense Christopher Lasch, han argumentado que en la sociedad urbana «narcisista» de hoy, para que cualquier éxito personal se considere auténtico, tiene que venir ratificado por la notoriedad pública, por la publicidad, hasta el extremo de que el grado de satisfacción con uno mismo a menudo depende de la aclamación y del aplauso.

Aunque los medios de comunicación no han tenido siempre el mismo impacto de hoy, han estado presentes a lo largo de los siglos. Un breve repaso de la historia de la humanidad pone en evidencia que las personas desde un principio han disfrutado el espectáculo y han buscado las noticias. Mucho antes de que Johann Gutenberg inventase la imprenta en el siglo XV, la comunicación ya discurría por conductos primitivos que eran usados para difundir nuevas, relatos y habladurías. Sin entrar en su veracidad, estos reportajes saciaban temporalmente el instinto humano de diversión, de curiosidad y de saber. Los mismos canales transmitían además información o alertaban a la población sobre la llegada de ejércitos hostiles, tormentas peligrosas y otros riesgos. Tales avisos a menudo eran fundamentales para la supervivencia y también servían para tranquilizar a los ciudadanos, asegurándoles que su hogar estaba a salvo o que el mundo en que vivían se encontraba relativamente seguro. Estas funciones no se han perdido, pues, hoy día, los medios de comunicación siguen observando, vigilando y avisando, por lo que representan una garantía de seguridad y de confianza para la sociedad.

Desde siempre, los medios de comunicación han constituido un sistema circular que transmite en ambas direcciones. Antiguamente, quienes recibían la información no dudaban en hacer llegar a las fuentes su opinión sobre la calidad de la noticia recibida, obsequiando o castigando al mensajero según viniera al caso. En ocasiones, el informador o reportero pagaba incluso con su vida una mala nueva. Hoy día, los *ratings,* el sistema para medir el volumen de telespectadores que tienen conectado el televisor en un momento dado, y el *feedback* o capacidad general del ente emisor para conocer la reacción del público a la información que suministra, son métodos mucho más impersonales, pero más inmediatos y fiables. Basta cambiar de canal de televisión, de emisora de radio o de periódico para que la fuente reciba prontamente el mensaje sobre el grado de aceptación. En realidad, al mismo tiempo que vemos la televisión se puede decir que la televisión nos observa, aprende sobre nosotros y, a su vez, nos ofrece el producto que queremos. En definitiva, el contenido de un programa no dice tanto sobre el medio que lo transmite como del público que lo demanda o de la audiencia que lo contempla.

En el mundo industrializado de hoy no creo que quede nadie por convencer del extraordinario poder económico, social y político de los medios para influenciar la opinión pública y los cambios sociales. Nunca se han creado instrumentos tan poderosos y efectivos para el control social como la televisión, la radio y la prensa. Entre todos los medios de comunicación, la televisión es, sin duda, el más completo, consumado, penetrante, popular y, por tanto, el más efectivo.

Según encuestas recientes, en una noche normal más de la mitad de toda la población de Occidente ve algo de televisión. En Norteamérica, por ejemplo, los expertos calculan que los adultos pasan la mitad de su tiempo de ocio ante la pequeña pantalla, mientras que los niños le dedican más tiempo que al colegio. En estos hogares, el televisor está encendido un promedio de seis horas al día.

El impacto de los medios de comunicación sobre la persona sigue siendo uno de los temas más debatidos de nuestros días y provoca además enormes y acaloradas controversias. Muy pocos expertos dudan de que los medios controlan casi todas las cuestiones sobre las que pensamos a diario y gran parte de lo que conocemos del mundo. Aunque es evidente que no todo lo que ocurre sobre la faz de la tierra es noticia, quienes realmente se encargan de decidir lo que es noticia y lo que no lo es son los medios, por lo que queriendo o sin querer ejercen una función de censura, pues lo que ocultan muchas veces constituye un suceso de mayor interés público que lo que se emite.

Además de definir y seleccionar lo que es noticia, los centros de información también deciden la forma de presentar los acontecimientos y, en el proceso de escenificarlos o editarlos, frecuentemente los simplifican o sensacionalizan mediante el uso de estereotipos que hacen que la historia sea más vendible o comercializable. Los medios ciertamente nos enseñan la realidad, pero lo hacen a su manera.

Tanto la televisión como la radio y la prensa intentan moldear la opinión pública directamente al publicar más o menos explícitamente sus propios criterios y opiniones, a través de editoriales y comentarios, seleccionando a expertos que favorecen su punto de vista o fabricando sus propias celebridades. Los medios además utilizan constantemente su poder e influencia para legitimizar ciertos cambios sociales, actitudes y decisiones políticas.

Aunque no parece que tengan el poder para forzarnos a pensar de una manera concreta, los medios de comunicación nos persuaden y sugieren cómo sentirnos sobre cuestiones nuevas, acerca de las cuales no tenemos una idea preconcebida. De hecho, les es más fácil crear una opinión sobre un tema desconocido, o reforzar una actitud que ya está arraigada o extendida en la sociedad, que cambiar una postura sólidamente establecida. En efecto, no existe evidencia de que los medios puedan alterar sustancialmente los valores firmemente instalados en la sociedad.

Con respecto al comportamiento, la televisión es sin duda el medio más poderoso e influyente. Aunque no modifica fundamentalmente la conducta de los telespectadores, puede impulsar a actuar de una forma determinada a quienes ya están predispuestos a proceder de esa manera. En este sentido, estudios recientes demuestran que programas de televisión que contienen altos niveles de violencia pueden provocar agresividad a corto plazo en ciertos individuos impulsivos que ya están predispuestos a reaccionar con hostilidad. Sin embargo, también hay estudios que sugieren que el observar imágenes cargadas de hostilidad y dureza tiene un efecto de catarsis o de purga psicológica contra la violencia reprimida y, como consecuencia, disminuye la conducta agresiva entre algunos jóvenes que tienen dificultad para vivenciar o enfrentarse abiertamente a sus sentimientos de agresividad.

Está claro que los medios no implantan mecánicamente actitudes ni, mucho menos, comportamientos específicos en la cabeza del público. La verdad es que el ser humano normal aprende muy pronto en su desarrollo a percibir con claridad la diferencia entre fantasía y realidad, y los medios de comunicación, por sí solos, no tienen el poder para alterar esta capacidad vital. No obstante, la televisión, más que ningún otro medio, tiende a crear y a perpetuar ciertos estereotipos del bueno y del malo, a simplificar situaciones y caracteres o a cubrir con una capa de azúcar, de superficialidad y de absolutismo muchos temas conflictivos, relativos y complejos, con el fin de hacerlos más comprensibles y atractivos para el público. En su intento por alcanzar la mayor audiencia posible, los programas de la televisión suelen presentar el mensaje utilizando el denominador común más bajo. Como consecuencia, el espectáculo televisivo se ha convertido para millones de personas en una especie de alimento universal, poco nutritivo pero altamente adictivo, en una compulsión vital y rutinaria que hay que satisfacer diariamente y, para algunos, incluso en la vida «real», hasta el extremo de que estas personas llegan a considerar el resto de la existencia como algo secundario o casi sin significado.

Ver la televisión o escuchar la radio eran originalmente tareas familiares, sociales o de grupo. Sin embargo, con el tiempo, se han convertido en actividades personales y hasta cierto punto solitarias o privadas, como pueda ser meditar, fantasear o incluso soñar. La falta de estímulo intelectual de muchos de los programas de televisión, unida a este carácter de conducta exclusiva y a su efecto tranquilizante, produce la imagen tan extendida de telespectador estupefacto, pasivo, pasmado o apoltronado que se ata al televisor o que lo usa como «música de fondo», cayendo en un estado semiconsciente, de profunda relajación, o regresivo, de «vegetal» con una mínima actividad mental. De hecho, un estudio reciente ha demostrado que las personas «adictas» a la pequeña pantalla, durante sus largas sesiones televisivas experimentan un descenso del metabolismo del 12 por 100 por debajo del nivel metabólico de descanso.

En las grandes urbes son frecuentes las personas que buscan la admiración o la fama más que la estima o el respeto de los demás. Se puede decir que hoy no existen individuos o actividades importantes entre bastidores, todo lo significativo forma parte del espectáculo. La Avenida Madison de Nueva York, donde tienen su sede las principales agencias publicitarias de Estados Unidos, se encarga de revestir, empaquetar y poner en el mercado tanto a un político como a una modelo, un desodorante o un automóvil. Como señaló Erich Fromm, hoy día la persecución de la popularidad y la fama no es una vanidad profana o superficial, sino que ha adquirido una cualidad religiosa para muchos de los que ya no creen en la otra vida. Para éstos, dice Fromm, «la notoriedad y la publicidad les abre el camino hacia la inmortalidad, por lo que los expertos o consejeros en relaciones públicas se han convertido en los nuevos sacerdotes».

La televisión es también el *ojo de cristal* que satisface el instinto humano de *voyeur,* de mirar, las fantasías de poder, de dominar, y la necesidad natural de excitación o de estimular los órganos de los sentidos. Para lograr estos objetivos, los canales televisivos administran al público una dosis diaria de sadismo y de violencia utilizando imágenes que ponen de relieve las tragedias y las aberraciones antisociales.

El sociólogo Lewis Mumford apuntó a la función de excitación visual que caracteriza al espectáculo televisivo para demostrar que muchos ciudadanos de hoy no se encuentran psicológicamente muy lejos de los patricios romanos de antaño, quienes, en su búsqueda incansable de sensaciones intensas que llenaran momentáneamente el vacío o la banalidad de sus vidas, acudían diariamente al circo, donde presenciaban dramáticas carreras de cuadrigas, batallas navales fastuosas en lagos artificiales y pantomimas teatrales en las que se ejecutaban todo tipo de actos sexuales sadomasoquistas.

Conscientes de que para mantener vivas las sensaciones los sentidos requieren estímulos cada vez más intensos, los romanos llegaron a aplicar una diabólica inventiva a la tortura humana en sus espectáculos de gladiadores, donde se exhibían diariamente sacrificios humanos de un salvajismo y crueldad extraordinarios. Aunque a decir verdad, en casos de benevolencia excepcionales, el público demandaba la libertad de la víctima, lo que le añadía más emoción al drama. Esto, al parecer, le ocurrió al mítico Androcles, quien una vez en la arena de la muerte fue reconocido por el león de turno que se negó a devorarle porque en una ocasión le había sacado una espina de la garra.

El equivalente moderno del circo romano son las imágenes que diseminan la industria del cine y ciertas emisoras televisivas, destinadas a representar con el mayor realismo posible toda la variedad existente de agresión nihilista. Verdaderamente, gracias a la omnipresencia del *ojo televisivo,* el acceso a la violencia en la vida diaria es constante y su exhibición pública se realiza con escasas cortapisas. Así, por ejemplo, una cadena de televisión norteamericana, quizá temerosa de que su audiencia se adormeciese por falta de nuevos estímulos, intentó recientemente incluir al público general entre los testigos de la pena de muerte, y pidió al juez que se le permitiera retransmitir la ejecución de un reo, Robert Alton Harris, en la cámara de gas de la prisión de San Quintín de San Francisco. Aunque el acontecimiento fue grabado en vídeo, de momento el juez ha denegado el permiso, al opinar que airear los brutales minutos que se tarda en matar legalmente en Norteamérica va más allá de los límites de la decencia.

En realidad, la participación pública en ejecuciones no es nada nuevo en la historia contemporánea de Occidente. Pero, en todo caso, no hace falta llegar tan lejos para lograr sensaciones fuertes. Hoy día, quienes lo deseen pueden reunirse en cualquier momento en el hogar familiar y presenciar a través del *ojo de cristal* lo peor que la vida puede ofrecer, desde asesinatos a suicidios, pasando por violaciones efectuadas por cuadrillas de delincuentes. Estas imágenes televisivas casi siempre son simuladas, pero, aún y así, lo suficientemente realistas como para sobrecoger a cualquiera.

Lo peligroso es que nuestro papel de *voyeur* no es sólo mirar, sino indirectamente participar en este tipo de espectáculo cargado de cruda violencia que se suele llamar «televisión de choque». No obstante, atacar al medio es como matar al mensajero de antaño, porque en realidad la escena chocante no tiene tanto que ver con el medio televisivo como con quienes se encargan de elegir el mensaje y con el público que aún permite a los verdugos actuar en público. Muchos piensan que si la sociedad es capaz de mirar directamente estas escenas es que ha perdido alguna parte de su humanidad.

En los últimos años, una serie de dramas históricos ha determinado que millones de personas de todas las culturas, razas y lenguas viesen colectivamente las mismas imágenes a través del *ojo de largo alcance.* El más reciente, la contienda del golfo Pérsico de 1991, fue sin duda una guerra de televisión, pues cada día nos llegaban las imágenes en directo, evocadoras, decisivas. La *fiebre de la CNN* conmovió al mundo, trastocó las rutinas de la vida diaria de los ciudadanos, invadió la familia, los colegios y los lugares de trabajo. Para algunos, la pequeña pantalla se convirtió en un emocionante juego estratégico de vídeo, un escenario fálico repleto de aviones, carros de combate y bombas inteligentes. Rutilantes misiles dirigidos por complicadas logísticas lograban impactos precisos y limpios en blancos lejanos e impersonales. Otros consideraron la guerra en televisión como una serie dramática, llena de tragedias, de víctimas inocentes y de destrucción sin sentido.

Esta guerra moderna no sólo puso a prueba la tecnología y la logística de los medios de comunicación, sino que alimentó y desafió nuestra fantasía con imágenes relámpago, simbólicas, casi subliminales. Entre ellas se cuentan los *flashes* de niños mutilados, aterrados, con sus máscaras antigás, de cuervos marinos cubiertos de petróleo, desconcertados e indefensos, víctimas impotentes todos ellos, que ni entendían lo que les pasaba ni podían hacer nada para evitarlo.

Sin embargo, este conflicto histórico nos reveló también las limitaciones de la televisión cuando el objetivo no abarca el acontecimiento en cuestión en todo su alcance pero pretende que lo hace. Pues, en el fondo, como escribió la periodista Anna Quindlen, ganadora reciente del Premio Pulitzer, el drama televisivo del golfo Pérsico fue «más espectáculo que iluminación», porque tuvieron que pasar meses hasta que supimos la devastadora y sangrienta realidad de lo que verdaderamente sucedió en la arena del desierto.

Y es que ciertos medios frecuentemente manipulan la realidad ensombreciendo la frontera entre lo que es cierto y lo que no lo es. La verdad ha perdido relevancia y ha sido superada por la «credibilidad» ante el público, los hechos han dado paso a las afirmaciones que suenan fiables o que aparentan ser válidas, aunque en realidad no transmitan ninguna información autorizada. Como consecuencia, el ambiente está saturado de seudoeventos, de declaraciones que ni son verdad ni son mentira, sino simplemente *creíbles*.

A pesar de estos aspectos negativos, la otra cara de la moneda son las funciones y atributos positivos que indudablemente poseen los medios de comunicación. No son pocos los expertos que argumentan que la radio, la prensa y sobre todo la televisión, poseen una función curativa y relajante para el individuo, lo que explica que tantas personas recurran asiduamente a ellos en busca de alivio emocional. Los medios también educan, informan, permiten vivenciar situaciones normalmente inasequibles y estimulan el espíritu de universalidad, al transformar tópicos insólitos en temas accesibles y generales que son compartidos simultáneamente por toda la población. Al mismo tiempo, sirven como tabla de rebote o campo de debate para cuestiones controvertidas, estimulan la expresión y el intercambio de ideas y la concienciación pública, constituyen un control de los posibles abusos de autoridad, promueven el acceso a la información, protegen la democracia y, en definitiva, forman parte de los pilares que mantienen una sociedad libre.

La televisión en concreto, además de alimentar la imaginación y el ensueño de la audiencia, ofrece una dosis terapéutica de fantasía que alivia las tensiones emocionales acumuladas cada día. Además brinda al espectador la oportunidad de participar visualmente en acontecimientos extraordinarios o distantes y en situaciones históricas que pueden incorporar, no sólo a su arsenal de conocimiento, sino también a su mundo de fantasías y de ilusiones.

Un ejemplo de este papel positivo que juega la televisión fue la retransmisión en directo del fallido golpe de Estado en la Unión Soviética durante el verano de 1991, que tuvo como consecuencia saludable la humanización del pueblo ruso ante los ojos de otros pueblos de la Tierra. Como había ocurrido unos meses antes con el conflicto de Mesopotamia, la crisis de la URSS también se vivenció como un acontecimiento televisivo memorable. La población del Globo se volvió a conectar al televisor y las imágenes en directo, llenas de emoción, proyectaron nuevamente una serie dramática.

Durante las interminables horas del drama en Moscú, los telespectadores aguardaban horrorizados la posibilidad de una masacre y, como si el sueño de la razón no hubiera tomado en cuenta la fuerza, muchos presagiaban el derrumbamiento de los ideales esperanzadores recién nacidos en la Unión Soviética: la democracia, la libertad, la apertura y la reforma. En Norteamérica, donde durante décadas se había vivido con las visiones del *monstruo rojo* y la pesadilla de la invasión por sorpresa del *imperio del mal,* las imágenes del drama televisivo, tan humanas y reales, despertaron en algunos ciudadanos un nuevo proceso de identificación con el pueblo ruso, al ver con sus propios ojos que los hombres y mujeres moscovitas vivían, sentían, amaban y morían de la misma forma. Como muchos televidentes comentaron, «son gente como nosotros». En definitiva, la visualización en directo del golpe frustrado sirvió, más que nada, para humanizar al pueblo soviético ante los ojos del mundo.

Es evidente que los medios de comunicación tienen la opción de jugar un papel muy positivo en la sociedad actual. No sólo constituyen la fuente fundamental más poderosa y popular de entretenimiento e información, sino que, con su alcance e influencia, pueden ayudar a neutralizar o incluso superar muchas de las fuerzas destructivas que han invadido las grandes ciudades de nuestro tiempo.

Mediante estrategias específicas, los medios pueden, por ejemplo, ayudar a borrar los estereotipos negativos y los prejuicios que existen en la actualidad sobre la vejez, la homosexualidad y las diferencias étnicas y raciales. También pueden contribuir a neutralizar las influencias narcisistas y perfeccionistas de las metrópolis, como los ideales inalcanzables que constantemente fomentan la cultura del éxito y la industria de la belleza. Los medios pueden además estimular el progreso y la evolución del pensamiento, fomentando el debate abierto y constructivo sobre nuevos temas o cuestiones controvertidas como el divorcio, el aborto, la eutanasia o las nuevas relaciones que están fuera del modelo tradicional de familia.

Igualmente, la televisión, la radio y la prensa pueden contribuir a diseminar las campañas de prevención contra la violencia, la droga y los programas educativos sobre el sida. Por último, los medios pueden atacar el grave problema de la anomia, promoviendo y exaltando la participación activa de los jóvenes, la armonía social, los valores altruistas, la dignidad de la persona, la compasión hacia el sufrimiento humano y el valor de la vida.

En definitiva, aparte de las fuerzas de la naturaleza, los medios de comunicación, y especialmente la televisión, son el instrumento más poderoso que existe de influencia social. El desafío ante nosotros se centra en el uso que hacemos de ellos. Los medios pueden liberalizar y enriquecer a la sociedad o hacerla más rígida y cerrada, pueden fomentar la democracia o favorecer un régimen totalitario, pueden alienar y embrutecer o socializar y educar, promover la tolerancia o alimentar la intransigencia, avivar el progreso o forzar el estancamiento, narcotizar o despertar, humanizar o endurecer, oscurecer o iluminar.

9. La *anomia*

> Todas las normas de conducta y reglas morales forman un muro imaginario alrededor de la persona. A los pies de esta muralla insalvable, el torrente de las pasiones humanas se satisface y en seguida se extingue. Mas si en algún momento esta barrera se resquebraja, los impulsos que estaban contenidos se liberan a borbotones y, sin control, emprenden la búsqueda desesperada y fútil de objetivos inalcanzables que siempre los eluden.
>
> Emile Durkheim, *La educación moral,* 1925.

Desde tiempos remotos, periódicamente ha existido una actitud negativa hacia la vida de la urbe. Los críticos nos recuerdan cómo mientras el virtuoso Abel fue el peregrino de la Tierra, el endemoniado Caín levantó la ciudad de Enoch, que más tarde fue arrasada por el diluvio universal. Las metrópolis bíblicas de Sodoma y Gomorra han sido paradigmas de centros de herejía y de vicio. Escritores ilustres como Dickens, Balzac o Rousseau pintaron las ciudades de su tiempo como centros de miseria y depravación, mientras que ensalzaron la vida del campo como más noble, virtuosa, saludable e inocente.

Hoy, muchas capitales modernas arrastran esta misma fama de lugares inquietantes, peligrosos e «inmorales», donde las personas «decentes» son las menos. Es un hecho diariamente constatable que las urbes tradicionalmente han sido los epicentros de un sinfín de abrumadores problemas sociales y económicos.

Los pensadores antiurbanos aseguran que por cada ventaja que ofrece la ciudad, existen tantos o incluso más inconvenientes o adversidades. La urbe, alegan, es frecuentemente el «paraíso de lo grotesco, de la soledad y de la desviación». Pocas capitales de Occidente se libran, por ejemplo, de la plaga moderna de los *homeless,* esos miles y miles de hombres y mujeres desamparados y sin hogar que deambulan por las calles arrastrando sus harapos y, a menudo, sus enfermedades físicas y mentales. Algunos hombres de letras aducen también que la vida en la metrópoli distorsiona la personalidad y la convivencia, y deshumaniza incluso las instituciones consideradas habitualmente más altruistas y liberales, como la medicina.

Hay expertos que, apoyándose en el elevado índice de enfermedades mentales y de suicidios de las capitales, opinan que el ser humano nunca podrá adaptarse a la urbe, que las ciudades son intrínsecamente antinaturales, verdaderos *zoológicos humanos,* que engendran patología, estrés y desdicha.

Las aventuras populares de ciencia ficción están repletas de argumentos en los que el héroe de la historia lucha incansablemente por escapar de la ciudad fría y deshumanizada del futuro, para lograr finalmente su salvación en la paz y serenidad de la vida campestre. Esta visión negativa de la metrópoli está bastante difundida y no es ninguna coincidencia el creciente éxito del movimiento sociopolítico de los «verdes», tan extendido en los últimos años, que propaga la conservación del medio ambiente y enarbola la bandera de la vida rural como uno de sus modelos fundamentales.

En realidad, a lo largo de la Historia casi todas las grandes ciudades han atravesado por épocas de crisis y de turbulencia. Durante estos períodos, el equilibrio de su ecología psicosocial urbana se descompensa, los ciudadanos sufren, y los ritos sociales y culturales se desintegran. No obstante, con el tiempo, la mayoría de las metrópolis se recuperan y vuelven a resplandecer, porque la necesidad básica del hombre y la mujer de vivir, evolucionar, crear y de relacionarse dentro de un ambiente urbano, siempre perdura.

Para algunos sociólogos, el paradigma de la ciudad contemporánea, Nueva York, está actualmente fracasando como experimento social e ilustra de forma dramática la locura de la sociedad, la crisis de la urbe de nuestros tiempos. Los síntomas de esta dolencia son evidentes. Miles de afligidos por la pobreza, la ignorancia y la enfermedad mental, cual exiliados del reino del infortunio, nos recuerdan cada día con su presencia el mal social que conmueve a esta gran metrópoli. Además, las plagas casi bíblicas del crimen, la droga y el sida, tan atrincheradas y destructivas, han creado entre los sectores indigentes y los grupos marginados de minorías étnicas de la ciudad una anarquía social tan devastadora que incluso las teorías conspiratorias de genocidio, apoyadas por ciertos líderes extremistas y etnocéntricos de las comunidades discriminadas, llegan a parecer explicaciones creíbles.

Igualmente desoladores son la alarmante tasa de mortalidad infantil, la alta incidencia de *crack babies* —recién nacidos que llegan al mundo enganchados a esta forma sintética y dura de cocaína—, los miles de niños abandonados y las docenas que cada año caen heridos por balas perdidas disparadas por traficantes de droga en sus mortales luchas callejeras.

Nueva York está presenciando una creciente descomposición del hogar, especialmente en los guetos, caracterizada por la ausencia absoluta de una figura paterna —una constante entre la multitud de jóvenes desertores escolares que viven perdidos y desconectados— y por la epidemia de madres solteras adolescentes que son incapaces de responsabilizarse de la crianza de los pequeños. Finalmente, esta megalópolis sufre la prevalencia más silenciosa, pero bastante extendida, de depresión, soledad y angustia vital.

Hace años, el sociólogo Emile Durkheim estudió la caída de la urbe y describió el fenómeno de la *anomia,* esto es, el deterioro de las reglas morales, de los principios culturales y de las normas más básicas de conducta de la sociedad. Una vez derribadas estas barreras, los impulsos humanos más primitivos se desatan sin control.

La anomia surge en un pueblo cuando necesidades esenciales de las personas como la supervivencia, la identidad, la autoestima y la realización, no se satisfacen. Como consecuencia, estas exigencias vitales se frustran y al cabo del tiempo se atrofian y desaparecen. Tal es el caso de las necesidades del individuo de ser aceptado por el grupo al que pertenece, de relacionarse con los demás o de participación social, que, al no estimularse ni saciarse, poco a poco se desvanecen y acaban por transformarse en la indolencia, el aislamiento y el desinterés total por la convivencia.

Es axiomático que el ser humano no puede desarrollar su potencial natural ni adaptarse de forma saludable a la existencia si no tiene a su alcance los medios suficientes para satisfacer sus requerimientos vitales, tanto físicos como emocionales. Perseguir inútilmente la gratificación inalcanzable es condenarse a un estado de infelicidad perpetua. Bajo estas condiciones desfavorables, tanto los ciudadanos como la ecología urbana en la que viven y con la que se relacionan se convierten en cultivo idóneo para la anomia. El resultado final suele ser la alienación del individuo y el colapso de los valores sociales y las pautas de comportamiento.

La anomia se refleja en las ciudades, por un lado, en los signos tangibles de la desorganización del tejido social, como la ruptura del hogar, y en los altos índices de conductas aberrantes, como el crimen implacable y la violencia maligna y sin sentido. También se manifiesta calladamente en las vidas desesperadas pero silenciosas, en los hombres y mujeres que, sintiendo que su día a día es monótono y degradante, son incapaces de vislumbrar o proponer nuevas alternativas, en los ejércitos de jóvenes que *pasan* de todo, en los ancianos que terminan sus vidas solitarios y abandonados, en las minorías marginadas o perseguidas, en las audiencias aletargadas y estupefactas por los medios de comunicación de masas, especialmente la televisión, y en los nihilistas desesperados que ven en la destrucción del planeta la única solución de los problemas.

La anomia se evidencia además en los síntomas modernos de sufrimiento y decadencia como el crack, el sida, la subclase, los *yonquis* y los *homeless* o desamparados sin hogar. Todos ellos son signos originales que retan a los diccionarios a mantener al día la terminología del tormento de las capitales de hoy. De hecho, muchos piensan que estos nuevos conceptos representan cambios permanentes en la definición de la metrópoli enferma contemporánea.

Basta con reflexionar brevemente sobre los síntomas de la anomia para convencer al optimista más recalcitrante del estado de malestar que azota a las urbes invadidas por este mal. Los testigos de este proceso frecuentemente se sienten descorazonados, al no poder eludir el peaje doloroso de la desintegración de los usos culturales y sociales y de la desidia hacia la convivencia que afligen a sus metrópolis. Al final, la anomia agota no sólo la moral y la esperanza, sino también los presupuestos de las instituciones públicas, al producir criminales, envenenar las relaciones sociales y étnicas, y crear una *subclase* amenazadora y resistente que persigue y obsesiona a la sociedad durante décadas.

No obstante, la anomia no afecta igualmente a todos los ciudadanos. Mientras los conflictos de la urbe se vuelven cada día más tóxicos para quienes se encuentran en su epicentro, para aquellos que están protegidos por el dinero y la geografía, el impacto es distante o se amortigua. Porque la anomia es como un tornado que a su paso destruye a unas vidas mientras que a otras las deja casi intactas.

En las capitales, fenómenos como la masificación, el espacio limitado, la sobreestimulación de los sentidos y el abarrotamiento, agobian constantemente al individuo y estimulan los impulsos aberrantes. Si además existen condiciones sociales patológicas y estresantes, se facilita la proliferación de comportamientos agresivos antisociales. De hecho, influenciados por el investigador John Calhoun, quien demostró que en circunstancias de elevado hacinamiento las ratas se devoran las unas a las otras, se vuelven catatónicas, o exhiben conductas anormales paralelas a la delincuencia de los humanos, algunos investigadores sociales han llegado al extremo de popularizar la metáfora que asemeja el ser humano y las ratas en cuanto a su potencial agresivo y de autodestrucción.

El hombre es una criatura con una gran capacidad para la destrucción. No existe otro animal vertebrado que extermine con tal salvajismo, brutalidad e indiferencia a los miembros de su misma especie. Basta repasar la historia de la humanidad, desde los grotescos circos romanos hasta las guerras mundiales y conflictos civiles modernos, pasando por los aniquilamientos masivos de razas enteras, para horrorizarse de las atrocidades que los hombres cometen asiduamente contra sus compañeros de vida.

Como los grandes terremotos, las inundaciones, las epidemias y otras calamidades naturales que tanto tememos, pero que al final acabamos por aceptar, la autodestrucción, la crueldad y el sadismo parecen formar parte inseparable de la existencia humana. Quizá sea esta la razón por la que en las urbes se aviva periódicamente la creencia de que la humanidad está proféticamente avanzando hacia su cataclismo. De hecho, durante ciertos períodos conflictivos recientes como la guerra del golfo Pérsico o el desmoronamiento de los gobiernos totalitarios comunistas europeos, la popularidad de los profetas y clarividentes, como el médico francés del siglo XVI Michel Nostradamus, alcanzó niveles extraordinarios incluso entre personas que nunca confiaron en profecías.

En realidad, algunas visiones apocalípticas, donde dominan los dragones de ojos y cabezas múltiples enzarzados en luchas cósmicas, sirven para confortar a mucha gente que durante épocas de crisis sociales se siente indefensa, impotente, sin control sobre sus vidas y destinos. El mensaje profético esperanzador de tales visiones consiste en que, detrás del caos colectivo en el que se vive, aguarda misteriosamente una fuerza mayor que vigila los acontecimientos y que un día se encargará de rectificar la situación.

El sociólogo alemán Georg Simmel afirma que los problemas existenciales más agudos de la vida moderna se derivan del intento de la persona por preservar su autonomía e individualidad frente al impacto y la influencia constantes de las abrumadoras fuerzas psicológicas, sociales, culturales y tecnológicas del medio urbano que le rodea. Por ejemplo, la ecología de la ciudad moderna estimula en las personas de empeño por lograr *aquí y ahora* metas y aspiraciones exorbitantes, fomenta la competitividad y nutre las tendencias narcisistas, la obsesión por la búsqueda de dinero, *confort,* éxito y, sobre todo, de perfección.

Este reto constante incrementa los niveles de estrés y tensión y condena a millones de hombres y mujeres a un estado perpetuo de frustración e infelicidad. Como ya he descrito, una muestra de esta influencia es la idealización de la juventud y del culto al cuerpo que propaga la cultura de consumo con la ayuda de la *industria* de *la belleza* y de los medios de comunicación de masas, la cual somete al individuo a expectativas de perfección física inalcanzables y le conduce irremediablemente al sentimiento de fracaso. Otro ejemplo es la negación masiva y el rechazo que, como hemos visto, ejerce la sociedad del envejecimiento, pues lo viejo se considera inútil, no sirve, se tira. Las personas mayores son ciertamente vulnerables a estos estereotipos.

Muchos ciudadanos se defienden de los incesantes asaltos del medio aislándose y protegiendo sus sentidos, oscureciendo las ventanas de sus automóviles, llevando continuamente los auriculares de los *walkmans* a todo volumen, eludiendo la comunicación cara a cara, anestesiando con drogas o alcohol sus emociones o pegándose a la pequeña pantalla o al transistor día y noche para evitar ver la realidad, concienciarse. Como resultado, las vivencias reales se tornan ilusorias y remotas, se crea un mundo donde la esencia humana de carne y hueso se vuelve menos real que las historias que se presentan en el vídeo, el celuloide, la cinta magnetofónica o el papel de periódico. Incapaces de alcanzar una vida personal gratificante, estos hombres y mujeres optan por una existencia imaginaria, por sustitución, de segunda mano, como espectadores, oyentes o lectores pasivos de los medios de comunicación.

Por su parte, los medios, particularmente la televisión, tratan de perforar las barreras protectoras de los ciudadanos y asaltan continuamente con ráfagas de estímulos la intimidad de los hogares. Entre los millares de mensajes que transmiten resaltan los que ponen de relieve las desigualdades, las tragedias y las aberraciones antisociales, los que recuerdan sin cesar la cultura del dinero y los que exageran las contradicciones entre las expectativas y los ideales que alimenta la sociedad y las limitaciones de los medios aceptables para conseguirlos, es decir, la incongruencia entre aspiraciones y oportunidades. Emulando al circo romano de antaño, ciertos medios vomitan sin parar la dosis diaria de sadismo, mostrando lo más gráficamente posible los extremos de la violencia humana.

Ante el continuo e intolerable bombardeo de sus receptores físicos y mentales, el individuo pierde poco a poco su capacidad de responder y adopta una actitud defensiva de retirada y desinterés, sufre de embotamiento afectivo y pierde la capacidad de discriminar entre los múltiples estímulos del medio, de discernir lo esencial de los superfluo, la realidad de la ficción. Los ciudadanos se mueven como en un trance, en un estado de despersonalización que se manifiesta en indiferencia. El final de estos procesos *anómicos* de aislamiento, apatía e inercia, es el autismo social, la alienación del individuo y su extrañamiento de sí mismo y de los demás.

La novela de Albert Camus *El extraño* es quizá la descripción moderna más notable del ser humano alienado, desconectado, sin lazos ni ataduras con nada ni nadie, víctima de la anomia social. Es la historia cotidiana del hombre que mata y no siente nada, y que termina su historia vacía y absurda soñando con el día de su ejecución en el que las hordas enloquecidas de espectadores le reciban con gritos de odio y maldiciones.

Otra característica de este ambiente urbano enfermo es el hastío, que hace que para la mayoría todo llegue a adquirir un tono gris, indiferenciado e insípido. Estas sociedades tan mecanizadas y monótonas arrastran al individuo al estado de una simple rueda de máquina que ignora su misión, pero sigue moviéndose de la misma forma y en la misma dirección. Bajo estas condiciones, la tolerancia y la ceguera del ciudadano hacia conductas marginadas y antisociales se confunden, los límites entre los fines y los medios se borran, las fronteras entre el bien y el mal se difuminan, y los controles externos o sociales, así como los internos o personales, se desmoronan o se ignoran. Este es el medio donde la anomia florece.

A lo largo de la Historia, numerosas metrópolis han sido periódicamente invadidas por la anomia, arrasadas por imperios militares, asoladas por epidemias y, en ocasiones, convertidas incluso en necrópolis o capitales de muertos. Sin embargo, casi todas estas ciudades lograron mantener importantes fragmentos de sus cimientos y de raíces vivas y, al cabo del tiempo, volvieron a florecer y a formar parte de la vanguardia de la cultura y del progreso de la humanidad. Porque como ha señalado el urbanista estadounidense Lewis Mumford, la ciudad es la fuerza vital de la civilización, «el medio del amor, el centro del cuidado y del cultivo de los hombres y mujeres que la habitan».

Ciertamente, a pesar del potencial para sufrir los efectos de la anomia, la ecología de la urbe nutre la capacidad de la persona para concienciarse, ilumina el conocimiento del individuo para interpretar los procesos históricos, existenciales y cósmicos que le rodean, y provee al ser humano la libertad, el valor y el propósito que necesita para tomar parte activa en cada escena de este drama que es la vida.

10. Violencia en la urbe

> Desarmado, desnudo, en peligro, el hombre primitivo fue lo suficientemente astuto y hábil como para dominar a todos sus rivales naturales. El hombre moderno, sin embargo, ha creado un ser cuya presencia le inflige un profundo terror en su alma: *el enemigo humano,* su otro *yo,* su complemento, poseído por otro dios, compañero de ciudad, pero capaz de destruirle sin motivo ni provocación.
>
> Lewis Mumford, *La ciudad en la historia,* 1961.

En las grandes ciudades de Occidente, la incidencia del crimen violento ha alcanzado proporciones inéditas y continúa creciendo a un ritmo alarmante. Tanto los actos suicidas como la agresión brutal de unas personas contra otras o contra sus propiedades, ocurren en los centros urbanos con una frecuencia entre diez y quince veces más alta que en las zonas rurales.

El aumento de suicidios está relacionado con el incremento de la violencia en general: el 30 por 100 de los criminales violentos poseen fuertes tendencias autodestructivas y a menudo terminan quitándose la vida. En el caso de los jóvenes, el suicidio tiene principalmente que ver con la depresión, el hastío y la falta de incentivos y de esperanza en el futuro, mientras que en el caso de los hombres y mujeres de edad avanzada, el incremento en el número de suicidios es debido a la prolongación de la longevidad entre las personas que sufren de enfermedades crónicas y de un mayor aislamiento social.

Aunque los homicidios, las violaciones, los atracos callejeros y los robos con allanamiento de morada, son sucesos emblemáticos de las metrópolis occidentales y no respetan fronteras, la violencia urbana es endémica en Norteamérica, donde de 1960 a 1991 el número de crímenes violentos aumentó un 300 por 100 y anualmente se producen nueve asesinatos por cada 100.000 habitantes, el triple que en Europa. En Nueva York, por ejemplo, en 1991 se cometieron cerca de 2.300 homicidios, o 30 muertes por cada 100.000 residentes, 3.250 violaciones y unos 78.000 robos con fuerza o intimidación en las personas. La atmósfera de violencia urbana estadounidense es tan intensa que, según un estudio reciente, el 20 por 100 de todos los estudiantes de bachillerato llevan un arma blanca o de fuego «con intención de usarla si fuese necesario».

Cada día hay más ciudades donde la protección contra el crimen se ha convertido en una obsesión del ciudadano. La fortificación de la morada, los sistemas de alarma y de seguridad constituyen una de las industrias más lucrativas y populares, mientras que la posesión, a menudo ilegal, de un arma de fuego para la defensa del hogar empieza a competir en ciertos sectores urbanos incluso con el televisor o el automóvil. Paralelamente, cada día hay más ciudadanos que sinceramente no ven otra alternativa que tomar la justicia por su mano.

El miedo a ser víctima de un crimen acecha constantemente al hombre y a la mujer de la ciudad. La misma actitud hacia la inseguridad personal está en un proceso de metamorfosis, pues mientras antiguamente se consideraba la delincuencia como una cuestión social que había que tratar mediante políticas socioeconómicas gubernamentales, en la actualidad se ve más y más como un reto personal. Lo que antes se consideraba una crisis que se podía superar con la «ley y el orden», hoy se ha convertido en una amenaza inminente, una fuente inagotable de inquietud y de ansiedad, a medida que el ciudadano pierde poco a poco la fe en el sistema social y en su capacidad para protegerle. De hecho, el miedo al crimen ha creado un clima tan enrarecido que costumbres que se consideraban normales como salir por la noche o lucir alhajas u otros atuendos de valor, ahora se consideran arriesgadas. En ciertas ciudades, esta búsqueda de seguridad personal está provocando el éxodo masivo de las clases con más recursos hacia las llamadas «zonas verdes» en la periferia de las urbes.

Es cierto que, con excepción de algunas capitales, hay más personas que mueren de suicidio que de asesinato, y aún muchas más de accidentes de tráfico. Pero la aprensión a ser víctima de un ataque por un extraño posee un ingrediente afectivo terrorífico especial. Quizá sea esta la razón por la que los medios de comunicación parecen degustar particularmente estos tipos de crímenes violentos que carecen de una explicación «razonable», o se catalogan como fortuitos o «sin sentido». Lo estremecedor de estos sucesos brutales «al azar» es que rompen todos los esquemas, las hipótesis y expectativas del ciudadano sobre lo que debe ser la vida en una sociedad civilizada. Cuando alguien cae víctima de la violencia casual, todas las premisas establecidas y aceptadas sobre el orden social en el universo se vienen abajo.

Las causas del crimen urbano son múltiples y muy complejas. A través de los siglos han sido objeto de innumerables especulaciones, cientos de estudios y de un sinfín de teorías dispares defendidas ardientemente por una amplia gama de filósofos, psicólogos, psicoanalistas, sociólogos, educadores y médicos, quienes frecuentemente tratan de explicar a través de ellas su visión de los grandes males de la humanidad. Entre las explicaciones más extendidas del crimen se encuentran las que lo atribuyen a factores individuales, a ciertas características predisponentes genéticas, a rasgos constitucionales y hormonales —los hombres cometen diez veces más crímenes que las mujeres—, a daños cerebrales, trastornos mentales, problemas del aprendizaje y en particular de la capacidad de autocontrol, o también a alteraciones infantiles del desarrollo del *super yo,* la parte de la mente humana que alberga los principios y pautas morales y la capacidad de discernir entre el bien y el mal.

Por otro lado, es evidente que el crimen de las metrópolis también está íntimamente relacionado con la anomia, el desmoronamiento patológico de los principios culturales y de las normas sociales de comportamiento. Como ya he escrito, esta enfermedad de la urbe moderna, la anomia, se caracteriza por producir hombres y mujeres eternamente insatisfechos que luchan sin descanso por avanzar hacia metas indefinidas e inalcanzables. En el camino, muchas de estas personas compiten rabiosamente los unos contra los otros, para terminar agotados, resentidos, desmoralizados, sin esperanza, y con un asco irritante hacia la vida que, en casos extremos, les impulsa a la destrucción «maligna», al suicidio o al homicidio.

Al mismo tiempo, criminólogos de prestigio han destacado ciertos aspectos típicos de la desorganización social, entre los que se sitúan la fuerte desigualdad económica, el desequilibrio entre aspiraciones y oportunidades, el desempleo crónico, las drogas, la discriminación hacia las minorías, la ineficacia del sistema escolar, la desintegración de la familia, la violencia dentro del hogar, y el propio sistema penal, que a menudo se concentra en la dureza del castigo y el confinamiento más indigno, ignorando las medidas más básicas de rehabilitación o de integración social de los culpables.

De todas las teorías sobre las causas del crimen urbano, ninguna ha recibido tanta atención ni ha ocasionado debates tan apasionados entre expertos y profanos como la que exalta la influencia de la estructura familiar y de la crianza de los niños en la formación de la personalidad antisocial y violenta.

Desde principios de siglo, numerosas investigaciones, en su mayoría poco rigurosas desde el punto de vista científico, han expresado la alarma de que las «familias rotas» por la separación, el divorcio o la muerte de uno de los padres, son la causa más importante del crimen y la delincuencia, sobre todo entre los nuevos inmigrantes de las ciudades y los jóvenes. Pero, curiosamente, en casi ninguno de estos estudios los investigadores se molestaron en calcular la proporción aún mayor de «familias rotas» que no producen criminales; tan imperdonable omisión confirma la sospecha de que estos análisis reflejan más un compromiso ideológico con el modelo de familia tradicional que un intento serio de abordar las verdaderas causas del crimen en las metrópolis. Porque la realidad es que las «familias intactas pero desgraciadas» en las que abundan los conflictos y los malos tratos, generan consistentemente más comportamientos delincuentes entre sus miembros que las familias «rotas pero felices» en las que reina la armonía, el cariño y se respira un ambiente de respeto mutuo, seguridad y apoyo.

Hoy, la evidencia más rigurosa a nuestro alcance sugiere que las causas del crimen no radican en un modelo de estructura familiar determinado, ni en el hecho de que el hogar esté encabezado por un solo padre —generalmente por la madre—, sino en la familia azotada por continuas discordias, abusos y tratos violentos. Es un hecho indiscutible que los niños y jóvenes adolescentes que son víctimas de actos crueles, de abusos o de abandono, tanto físicos como emocionales, o de castigos basados en la agresión corporal, el ridículo y la humillación, muestran consistentemente mayor propensión hacia la violencia, el sadismo y el crimen que aquellos que no han sido expuestos a estas injurias. Con todo, también es cierto que no todos los niños maltratados terminan de mayores siendo criminales. La relación estadística entre el abuso durante la infancia y la tendencia posterior hacia la agresividad no es perfecta ni inequívoca, aunque la conexión sea demasiado convincente como para ignorarla.

Estudios recientes demuestran contundentemente que

el abuso grave de los niños en el hogar familiar se puede predecir con una precisión tan exacta como deprimente. En efecto, los hogares donde con mayor frecuencia se maltrata cruelmente a los niños son aquellos en donde cunden las privaciones, la ignorancia, la inseguridad, las frustraciones, el estrés y la desesperanza. Estas moradas, que suelen estar constituidas por familias numerosas con hijos que ni se planearon ni se deseaban, se caracterizan por un estado crónico de desempleo, por padres impulsivos, propensos al abuso del alcohol o de las drogas, mal preparados y sin recursos, tanto económicos como afectivos, para llevar a cabo las enormes tareas y responsabilidades de la crianza, y aislados de las fuentes de apoyo familiares, de amigos y organizaciones comunitarias o servicios sociales.

Aparte del crimen urbano cometido por individuos aislados, bajo ciertas condiciones sociopolíticas y económicas estresantes, las grandes metrópolis también engendran la violencia social o de grupo, lo que periódicamente se refleja en la ruptura explosiva del contrato social. Y es que el ser humano no sólo agrede la integridad física y los intereses vitales de su semejantes, sino que a lo largo de la Historia sus amenazas e intimidaciones también han puesto en peligro la supervivencia colectiva de comunidades, su identidad cultural, su equilibrio psicológico, su sistema ideológico o su estabilidad existencial. Es obvio que estas provocaciones se producen sobre todo en las grandes ciudades, donde la población es densa y heterogénea, la competición necesaria, y donde se adoran ídolos diferentes.

Durante la primavera de 1992, en la metrópoli californiana de Los Ángeles, la asombrosa absolución por un jurado de un grupo de policías blancos que habían apaleado brutalmente al joven negro Rodney King ante millones de telespectadores estupefactos y horrorizados, detonó la bomba de la violencia urbana colectiva. En pocas horas, el caos sacudió hasta la médula a esta gran urbe, desatando sin control los impulsos humanos de destrucción más primitivos y convirtiendo la ciudad en el epicentro de un terremoto de agresión racial y de venganza. Toda la nación estadounidense quedó aturdida.

En este escenario dramático de muertes, asaltos salvajes, saqueos vandálicos y quemas devastadoras, se presentó crudamente el conflicto urbano actual que viven, en mayor o menor grado, muchas de las grandes capitales del mundo industrializado. Urbes que se sienten cada día más vulnerables a medida de que son invadidas por la anomia, la desigualdad, el desempleo, la desidia gubernamental, la intolerancia y el racismo.

En el caso de Los Ángeles, los sucesos violentos, desde el apaleamiento brutal del joven negro a manos de los policías hasta la orgía de odio y destrucción que desencadenó la exculpación de los acusados, han forzado al pueblo americano a cuestionarse penosamente su imagen idealizada de nación rebosante de supremacía moral, defensora incansable ante el mundo de la verdad, la justicia y la democracia. Este joven país también se ha tenido que enfrentar con los efectos acumulados de décadas de frustración y resentimiento, con un horizonte de desesperanza y desmoralización, y con la irrevocable pérdida de fe del ciudadano en una sociedad que tolera la deshumanización de una raza y transige con el tirano. Porque estos episodios de violencia urbana colectiva, una vez que transcurren, obligan a los hombres y mujeres de la urbe a cuestionarse los límites de su humanidad y de su razón.

Como describió Lewis Mumford, la ciudad, desde sus orígenes, ha exhibido un doble carácter, porque ha combinado la más alta concentración y mezcla de ciudadanos con su más profundo aislamiento y diferenciación, ha ofrecido la máxima tolerancia hacia el individuo y los mayores incentivos para la agresión, y ha fomentado la libertad más amplia pero también ha impuesto un rígido sistema de compulsiones y normas. De esta forma, la ciudad, el invento colectivo más precioso de la civilización, se convierte en un enorme recipiente repleto de poderosas fuerzas opuestas y, a menudo, autodestructivas. De hecho, a lo largo de la Historia no han sido pocas las civilizaciones que comenzaron su existencia por un centro urbano rebosante de poder y vitalidad y terminaron en un cementerio común de polvo y huesos, en una ciudad de esclavos o de cadáveres, plagada de montañas de despojos y ruinas calcinadas por el fuego.

Muchos pensadores creen que estos procesos de degeneración social son inevitables. Como argumentó Sigmund Freud, el hombre posee un instinto de muerte que busca su retorno al estado inorgánico primario y que irremediablemente le impulsa hacia su aniquilamiento. Unas veces este poderoso impulso biológico se desvía hacia fuera y destruye a otros, o se combina con el instinto sexual convirtiéndose en actos sadistas o masoquistas. Pero independientemente de estas posibles transformaciones, la premisa básica de esta teoría no cambia: el ser humano está dominado por un instinto de destrucción, y poco puede hacer para escapar de este trágico destino.

Sin embargo, es un hecho constatable que la energía agresiva del ser humano está a menudo al servicio de la vida, de la evolución y de la supervivencia de la especie. Hoy día, la gran mayoría de las investigaciones antropológicas y psicológicas refutan la interpretación de la violencia destructiva, el sadismo y la crueldad como fuerzas instintivas o innatas en el hombre. Aunque este hecho no quiere decir que los impulsos agresivos «malignos» no estén muy extendidos en la población. Pues no se puede negar que el ser humano es el único animal que en su infatigable búsqueda de estímulos que le permitan sentirse vivo, e impulsado por la pasión de vivenciar el dominio total sobre los demás, llega a destruir por destruir, a torturar y matar a miembros de su misma especie sin motivo ni razón, e incluso siente satisfacción al hacerlo. La agresión maligna, pues, es una capacidad latente en el hombre que radica en la existencia humana, pero que es perniciosa desde el punto de vista biológico y social y, en definitiva, constituye uno de los mayores obstáculos en el progreso de la humanidad.

Cuando examinamos las grandes ciudades en crisis como consecuencia de la violencia, se hace obvia la necesidad de políticas socioeconómicas que aborden con energía los problemas fundamentales de la infraestructura como son la pobreza, la desigualdad, la crisis del sistema escolar, la discriminación y el desempleo, y, de paso, reconstruyan los valores sociales y culturales. Al mismo tiempo, se necesitan urgentemente estrategias nuevas para preservar la salud mental y social, que estimulen, particularmente en los jóvenes, la autoestima, la esperanza de realización y el incentivo hacia la participación en causas y proyectos sociales y culturales que promuevan la armonía y la identidad de grupo y la cohesión de la comunidad. Los medios de comunicación pueden ser especialmente efectivos para diseminar programas innovadores que fomenten principios altruistas, normas de comportamiento, la tolerancia, el respeto al individuo, la dignidad humana, la compasión hacia el sufrimiento y el valor de la vida.

En cuanto al papel que juega la familia en la violencia de la urbe, es evidente que los malos tratos, el abandono y la explotación, mutilan psicológicamente al niño y a su vez le transforman en un ser sádico y destructor. Pienso, pues, que en lugar de obsesionarse con el declive de los modelos tradicionales de familia, la sociedad deberá prestar atención prioritaria a mejorar las oportunidades y la calidad de vida de todos los hogares, independientemente de su composición, y a garantizar que los niños crezcan en un medio lleno de aceptación, de seguridad y de cariño.

Como sugirió Erich Fromm en *La anatomía de la destructividad humana,* tenemos que tener fe racional en la capacidad del hombre para liberarse de las cadenas de ilusiones fatales que él mismo ha creado, en su motivación para cambiar las estructuras sociales, económicas y políticas, en su flexibilidad para revisar sus valores y metas y, en definitiva, en su compromiso existencial para evitar el apocalipsis final. Pero todas estas intevenciones sólo darán fruto si están impregnadas de «la cualidad más preciosa con la que la naturaleza ha dotado al hombre: el amor a la vida».

11. Las calles de la ciudad

Fueron los tiempos mejores, fueron los tiempos peores, fueron años de sabiduría, fueron años de locura, fue una época de fe, fue una época de incredulidad, fue la estación de la luz, fue la estación de las tinieblas, primavera de esperanza, invierno de desesperación, lo teníamos todo, no teníamos nada, todos íbamos derechos al cielo, todos íbamos en sentido contrario...

Charles Dickens, *La historia de dos ciudades,* 1859.

No existe ninguna gran ciudad en el mundo desarrollado que no esté azotada por la plaga moderna de los *homeless,* esos miles de personas desposeídas y sin hogar que yacen acurrucadas en los soportales o vagan por las calles arrastrando sus harapos, sus alucinaciones, sus dolencias corporales y sus enfermedades del alma. Este espectáculo, cada día más omnipresente, se califica como un ataque a la estética, en el mejor de los casos, y como un verdadero escándalo moral, en el peor. Es evidente que la pobreza, la marginación, el paro y la falta de viviendas subvencionadas juegan un papel prioritario en este trágico mal que ha conmovido a las urbes desde tiempos remotos.

En los últimos años, sin embargo, una proporción muy alta de estos desamparados padece enfermedades mentales crónicas. En otra época, no hay duda de que muchos de estos enfermos hubieran sido internados en hospitales psiquiátricos estatales. Hoy, la aparición de estas masas enajenadas deambulantes refleja crudamente la tolerancia de la sociedad hacia el sufrimiento. Plantea además el dilema de la libertad de nuestro tiempo, pues aunque la sociedad reacciona fuertemente contra la presencia en las calles de estos desafortunados, rechaza casi tanto la idea de imponerles un tratamiento médico o psiquiátrico por la fuerza, o de internarlos contra su voluntad en las instituciones o centros de asistencia pública.

Para entender el problema de los enfermos mentales sin hogar hay que tener antes en cuenta el cierre masivo de hospitales psiquiátricos derivado de las políticas de *desinstitucionalización.* Al concluir la década de los años cincuenta, una serie de circunstancias confluyó para alentar estas políticas que, poco a poco, fueron reduciendo sustancialmente el número de pacientes mentales crónicos internados en hospitales del Estado.

Por una parte, se descubrieron los neurolépticos, medicamentos que tuvieron una influencia terapéutica sobre los síntomas más dramáticos de la esquizofrenia y de la psicosis maníaco-depresiva. Por otra, los partidarios de las libertades civiles exigían el derecho de los enfermos mentales a rechazar cualquier intervención clínica, a ser dueños absolutos de su propio destino, independientemente de las consecuencias. Al mismo tiempo, el movimiento antipsiquiátrico, con el apoyo de intelectuales iconoclastas como el psiquiatra norteamericano Thomas Szasz, negaba la existencia de la enfermedad mental.

Coincidiendo con estas fuerzas de cambio, algunos reformadores de la época esgrimieron las condiciones indignas y deshumanizantes que imperaban en los hospitales psiquiátricos, así como los efectos debilitadores de la negligencia y del abandono institucional sobre los enfermos, para defender los derechos del paciente mental a reinsertarse libremente en la comunidad.

A pesar de que la causa y la cura de las enfermedades mentales más graves y crónicas, como la esquizofrenia, por el momento se desconocen, y la prevalencia de estos padecimientos aumenta al incrementarse el número y la longevidad de los afligidos, todos los factores mencionados, tanto asistenciales como ideológicos, unidos a los costos astronómicos de la atención institucional, se tradujeron en la apertura de las puertas y, en muchos casos, incluso en el desmantelamiento de los hospitales psiquiátricos en la gran mayoría de las ciudades de Occidente.

En Estados Unidos, por ejemplo, desde 1955 a 1992, se han eliminado unas 500.000 camas psiquiátricas, y en España, aunque también faltan centros y programas comunitarios alternativos, un informe reciente revela que desde 1978 se han cerrado 17 hospitales para enfermos mentales y se han suprimido unas 19.000 camas. Indiscutiblemente, la decisión estratégica de desinstitucionalizar al enajenado mental, que en la actualidad se mantiene en pleno vigor, representa la revolución más significativa de la historia de la asistencia psiquiátrica moderna.

Por desgracia, para muchos de estos incapacitados el mundo más allá de los muros de las instituciones es una auténtica jungla plagada de aves de rapiña. Son víctimas de una burocracia sanitaria o asistencial que no comprenden, y carecen de un techo bajo el cual protegerse, o simplemente de un asilo que les ofrezca un refugio humano y digno, una mera alternativa a una vida totalmente expuesta.

A su vez, para las familias de los enfermos, presenciar el extremo en el que un ser querido y vulnerable se encuentre forzado a sobrevivir entre el hambre, el frío, el peligro y la soledad del medio hostil de las calles, es como la peor de las pesadillas. Paradójicamente, la familia del paciente mental, que hasta hace poco era considerada por algunos teóricos como intrínsecamente patológica o incluso la causa de trastornos emocionales graves como la esquizofrenia, se ha convertido hoy en muchos casos en la única alternativa de salvación, frente a una organización asistencial estatal que es frágil, deshumanizada e insuficiente.

Con demasiada frecuencia las familias de los enfermos mentales son utilizadas por el sistema, el cual se aprovecha de sus sentimientos de culpa o de compromiso, y les obliga a cuidar del pariente desinstitucionalizado en casa, sin apoyo y sin medios para llevar a cabo una tarea tan enorme. En los últimos años, los hogares y la estructura familiar han evolucionado, han surgido nuevos modelos de relaciones y la familia tradicional se ha transformado en una unidad nuclear más reducida y autónoma. Como consecuencia, la capacidad y disponibilidad de los familiares para ofrecer la supervisión y los cuidados constantes que requiere el enfermo en la casa han disminuido considerablemente. A pesar de todo, todavía son muchos los hogares que están dispuestos a aceptar esta responsabilidad, aún teniendo que pagar el alto precio de su propio bienestar, seguridad económica y estabilidad emocional.

Una vez en la comunidad, el enfermo mental se enfrenta con el rechazo y la amarga ambivalencia de la sociedad. Un ejemplo frecuente de la actitud conflictiva que existe entre muchos sectores urbanos es el hecho de que mientras estos grupos opinan que los recursos públicos destinados a la asistencia psiquiátrica son insuficientes y exigen que el Gobierno tome medidas para corregir esta injusticia, no paran simultáneamente de poner objeciones a la presencia en sus barrios de centros asistenciales de salud mental, al considerarlos «un peligro para la seguridad ciudadana». Como excusa, aportan listas de sucesos o casos trágicos, en los que personas enloquecidas cometieron actos de violencia. El lema de «no en mi barrio» es el símbolo de esta contradicción.

En realidad, estos miedos son exagerados y a menudo están alimentados por la extensa cobertura que los medios de comunicación dan a los comportamientos desviados. Pues los enfermos mentales, más que perpetradores, suelen ser víctimas de la violencia. En muchos casos, estos temores también ocultan el creciente resentimiento o menosprecio que mucha gente siente hacia los indigentes, los mendigos y los desvalidos, a quienes culpa por su suerte y por su situación de dependencia. Paralelamente, estos marginados forman una oportuna pantalla en la que se proyecta la agresividad de estas comunidades.

A pesar del fervor ideológico que existe por la psiquiatría de la comunidad, tanto los profesionales privados como los centros de salud mental, al no tener un incentivo económico ni un mandato oficial, evaden tareas que consideran poco atractivas, a la vez que costosas y llenas de decepciones, como la de proveer cuidados a enfermos sin recursos, afligidos de múltiples problemas psicológicos y sociales, a quienes por lo demás consideran «poco motivados». En su lugar, se concentran en el tratamiento de pacientes más leves y gratificantes, «saludables pero descontentos». Como consecuencia, miles de dementes y perturbados viven ahora en las calles de las ciudades, libres, eso sí, pero discriminados, desatendidos y sin un techo.

Aunque el problema de los desamparados sin hogar en Europa no parece haber alcanzado las proporciones siniestras de las urbes estadounidenses, no hay duda de que la estampa proverbial del vagabundo europeo, libre y contento, ha sido reemplazada por una escena sombría y *dickensiana* de miles de desvalidos abandonados, sin trabajo ni esperanza. Si bien es difícil juzgar el alcance exacto del problema y los cálculos y las impresiones varían mucho, una encuesta reciente entre las instituciones sociales y de beneficiencia muestra, por ejemplo, que en Londres, unas 20.000 personas duermen cada noche en la calle o en albergues, en París se calculan unas 15.000; en Roma, unas 6.000, y en Madrid, entre 5.000 y 10.000.

La ciudad de Nueva York muestra de una forma más dramática la gravedad del problema. Cada noche, unos 15.000 individuos solos, aparte de otro batallón de familias en similares condiciones, que en invierno llega a sobrepasar las 23.000 personas, duermen en los asilos municipales, una cifra que se multiplica cada año. Cuando se estudia de cerca a estos desamparados neoyorquinos, se descubre que cerca del 65 por 100 manifiesta activamente síntomas de trastornos mentales, mientras que dentro de este grupo, una gran proporción sufre además de alcoholismo o de drogadicción. Sin embargo, estos no son necesariamente los casos más serios, puesto que el número sustancial de marginados, habitantes permanentes de los parques y las calles, que ni siquiera aceptan cobijarse en asilos o refugios, padece una incidencia todavía más alta de enfermedades físicas y mentales graves.

Conmovidos por el sufrimiento de estas personas, avergonzados por la situación, o simplemente espoleados por el temor a ser tachados de inmovilismo o negligencia por la sociedad, tanto las autoridades municipales como los políticos de la sanidad y del bienestar social han comenzado a poner en práctica medidas para paliar los estragos causados por la desinstitucionalización.

El municipio de Nueva York lanzó en octubre de 1987 el primer programa destinado a recoger de las calles a los enfermos mentales graves sin hogar, aquellos que no atendían sus necesidades esenciales de techo, alimentación, ropa y cuidados médicos, y que, como resultado, ponían en peligro sus vidas. El Proyecto Ayuda, como se conoce este programa, evalúa y retira de la calle a estos pacientes y los traslada a la sala de urgencias psiquiátricas del Hospital Municipal Bcllcvuc para un estudio más completo, tras el cual, de ser necesario, son ingresados en una dependencia psiquiátrica de cuidados intensivos donde reciben atenciones médicas y psiquiátricas muy necesarias, incluso en contra de su voluntad.

Este programa no ha pasado inadvertido ni para los profesionales de salud mental, ni para los medios de comunicación, ni para el público en general. Por el contrario, ha enfrentado directamente a estos grupos con el delicado equilibrio entre el respeto a los derechos y las libertades civiles de los enfermos y la atención a sus necesidades vitales, creando un espinoso dilema social en cuyo centro se encuentran la negación de la enfermedad mental y los límites de la libertad individual.

Y es que, a diferencia de la mayoría de los trastornos físicos, la enfermedad mental se caracteriza a menudo por la negación del paciente a aceptarla y, consecuentemente, por su falta de motivación para buscar tratamiento. Como resultado, los profesionales de la psiquiatría tienen que tratar con frecuencia a enfermos mentales en contra de su voluntad, particularmente cuando debido a su perturbación son considerados peligrosos hacia ellos mismos o hacia otros.

La negación de la enfermedad por parte del afectado se refuerza y complica con la que ejercen muchos sectores de la sociedad, cuyos miembros temen enfrentarse a la existencia real de estas dolencias, escudándose en la posible discriminación contra estos enfermos, o a causa de sus propios miedos a ser víctimas de ellas. La popularidad de la obra de Ken Kesey *Alguien voló sobre el nido del cuco* (1962) ilustra la ambivalencia de nuestra sociedad, su temor y rechazo a la enfermedad mental.

Algunos eruditos, críticos de la psiquiatría, que respaldan la idea de la enfermedad mental como una ficción o como un comportamiento desviatorio de significado político, se suman también al bando de los negadores bajo el argumento de que las enfermedades mentales son meras metáforas creadas por el Estado para controlar mejor a la sociedad, y mantenidas por la profesión psiquiátrica para justificar su propia existencia. Estos grupos piensan que la presencia de los enfermos mentales en las calles es un ejemplo vivo de los defectos inherentes de las sociedades capitalistas que no ofrecen alternativas para aliviar el sufrimiento de los dolientes. Al mismo tiempo, estos sectores antipsiquiátricos se empeñan en asegurar que tanto las medicinas psicotrópicas como los hospitales psiquiátricos son herramientas de la sociedad para controlar los elementos subversivos.

En la mayoría de los países desarrollados existe un código tácito de valores humanitarios y costumbres que exhortan a la sociedad a responsabilizarse de alguna forma de los marginados y desposeídos, y a hacerse cargo de los impedidos o menos capacitados para cuidarse a sí mismos. Estos valores están frecuentemente tan arraigados como los principios que glorifican el derecho del ser humano a gozar de sus libertades civiles y de su autodeterminación, a pensar, hablar y actuar sin interferencia alguna del Estado.

No obstante, ambas expectativas se vuelven especialmente contradictorias en el contexto de las políticas que hacen frente a la suerte de los enfermos mentales que ponen en peligro su vida. Como resultado, los sectores sociales que defienden la importancia de amparar a los incapacitados, a menudo se enfrentan con aquellos que ensalzan la de proteger las libertades individuales. Tal controversia sirve con frecuencia como cortina de humo para justificar la inacción por parte de los gobiernos, que rehúsan tomar partido para no perturbar el apoyo electoral de unos o de otros.

Frente a este escenario, muchos ciudadanos cada vez entienden menos y rechazan más lo que perciben bien como el cruel abandono de los enfermos mentales por parte de la sociedad, bien como la cruzada particular de los activistas de las libertades civiles que termina condenando a estos desamparados a vivir una existencia miserable y peligrosa en las calles, y quizá a «morir con sus libertades puestas». Porque la libertad tiene escaso significado para este ejército de marginados, cuyas acciones diarias están gobernadas por los elementos y otras fuerzas infinitamente más poderosas e incontrolables que cualquier intervención clínica.

Si aceptamos un concepto positivo de la libertad, estos enfermos tienen ciertamente derecho a ser dueños de sus propias acciones, pero también a verse libres de alucinaciones y delirios, y de la prisión que es la enfermedad mental.

En definitiva, el dilema de si hay que imponer un tratamiento o no a los enfermos incapacitados para decidir por sí mismos o para protegerse de los elementos, no puede resolverse exclusivamente en base a las decisiones de los psiquiatras o los familiares. Son las políticas sociales, derivadas de los valores que rigen en la comunidad, las que deben clarificar qué hacer con estas personas, porque el peso de la decisión para tratar a los enfermos mentales graves contra su voluntad recae sobre la propia sociedad. La sociedad deberá, pues, marcar el valor que se concede a la libertad individual y a la libre determinación, lo mismo que el grado de tolerancia sobre las desviaciones y sufrimientos humanos. Pero a falta de unos pronunciamientos claros, los cuidados involuntarios seguirán siendo un tema controvertido en las metrópolis de Occidente, donde el problema de los enfermos mentales marginados y sin hogar es cada día más real, más visible y lamentable.

En la actualidad, es obvia la dificultad de armonizar la defensa de las libertades civiles con la coerción que frecuentemente exigen los tratamientos disponibles para estos enfermos. De hecho, es posible que no se logre nunca un equilibrio perfecto entre los intereses y deseos de los pacientes y los de sus familias, el gobierno y la comunidad. Ante este desafío, pienso que la sociedad deberá optar por rescatar a quienes por causa de enfermedad pierden el juicio y, confusos, son incapaces de defenderse de sus delirios y alucinaciones, o de protegerse de los elementos. En definitiva, no podemos pagar con el abandono o la indiferencia el precio de la libertad.

12. El conflicto de las drogas

> Amigos, es preciso que todos conozcáis las profecías de Circe, la divina entre las diosas. Así que os las voy a contar, para que después perezcamos o consigamos escapar evitando la muerte y el destino. Antes que nada me ordenó que eludiéramos las voces de las divinas sirenas... Advirtió que sólo yo escuchara su canto, mas atadme con fuertes ligaduras para que permanezca firme junto al mástil... Y si os suplico u os ordeno que me desatéis, amarradme todavía más fuerte...
>
> Homero, «Ulises y las Sirenas», *La Odisea,* aprox. 700 a. C.

Uno de los problemas más alarmantes de nuestro tiempo es el apetito humano por las drogas, sustancias poderosas y adictivas que alteran el estado de ánimo y la conciencia, intoxican y producen placer o euforia. Aunque no se conoce la causa exacta de por qué ciertos hombres y mujeres caen víctimas de la adicción y otros no, cada día son más los expertos que relacionan la actual epidemia de droga con la anomia urbana, esa imparable desintegración de los usos culturales y sociales, exacerbada por la apatía y la desidia hacia la convivencia, que impregna a tantas metrópolis de Occidente.

Para los detractores de la urbe, el abuso y el tráfico de drogas, así como sus devastadores efectos, son otra prueba más del fracaso de las grandes ciudades como experimento social. Ciertamente, las condiciones socioeconómicas de las metrópolis en crisis son el caldo de cultivo esencial de esta epidemia. Las drogas florecen donde reina el desequilibrio entre aspiraciones y oportunidades, la desesperanza de autorrealización, los hogares patológicos, y las subculturas abrumadas por el crimen, el desempleo, la pobreza y un sistema escolar inefectivo.

Gran parte de los adictos a sustancias prohibidas engrosan el ejército de personas que viven marginadas en nuestras urbes. Sin embargo, la droga no se detiene en fronteras de clase y afecta a todas las jerarquías socioeconómicas. De hecho, el uso esporádico o crónico de drogas abunda entre personas de clase acomodada que experimentan altos niveles de tensión psíquica y frustración, como resultado del desequilibrio entre las aspiraciones o ideales que alimenta su mundo social y los medios aceptables a su alcance para conseguirlas. Cuando este estado de profunda insatisfacción coincide con una falta de autocontrol y con el fácil acceso a las drogas, la tendencia a utilizarlas asiduamente como vía de escape es muy fuerte. Si la persona no ha desarrollado suficientemente su capacidad de control durante la infancia y la adolescencia o las salvaguardas sociales externas se debilitan como consecuencia de la desmoralización del entorno social, el individuo queda especialmente a merced de la droga.

El problema con la droga suele comenzar en los años de la adolescencia, porque los jóvenes son particularmente susceptibles a la falta de controles externos, sobre todo los que proporciona el hogar, así como a la influencia del ambiente escolar y del grupo de compañeros al que pertenecen. No hay duda de que las drogas ofrecen poderosos atractivos para algunos adolescentes, pues no sólo les ofrecen un escape fácil e inmediato de sus problemas, sino que a veces les permite materializar fantasías inalcanzables como la posesión de coches, joyas y pistolas, cuando obtienen el dinero necesario por medio del narcotráfico.

Numerosas capitales de hoy se han convertido en aterradores escaparates donde se puede observar claramente cómo las drogas destruyen no sólo al individuo que las consume, sino también a la fibra ciudadana desde su base misma, esto es, la familia, los colegios y el trabajo. En Nueva York, por ejemplo, se calcula que habitan unos 200.000 heroinómanos y otros 300.000 drogadictos más, en su mayoría cocainómanos. De ellos, aproximadamente 120.000 consumidores de droga por vía intravenosa están además infectados por el mortal virus del sida. Desde 1984, la situación ha empeorado de forma dramática, pues fue entonces cuando hizo su aparición el *crack,* una variedad potentísima de cocaína cristalizada que ha multiplicado extraordinariamente el consumo porque la dosis sólo cuesta unas mil pesetas.

Las drogas y las conductas antisociales vinculadas a ellas están desolando la calidad de vida y el panorama social de las ciudades. En 1990, unos 3.500 recién nacidos llegaron al mundo en Nueva York *enganchados* a las drogas, y en ese mismo año los hijos de padres adictos sumaban 276.000. En los colegios de esa gran urbe, un 61 por 100 de los jóvenes reconocen haber consumido drogas en algún momento, y en los hospitales públicos pacientes adictos salen a su antojo para comprar una dosis, y hasta fuman o se inyectan dentro del propio recinto hospitalario donde fueron recogidos para recibir una cura. La insidiosa infiltración de la droga ha deteriorado también los niveles de seguridad ciudadana, como muestran los más de 90.000 arrestos anuales desde 1990 por consumo o venta de drogas. Entre los jóvenes de quince a diecinueve años de edad, la causa más frecuente de muerte es el homicidio relacionado con el uso o tráfico de estas sustancias.

Aunque los estragos que las drogas están causando en Nueva York alcanzan niveles cuantitativos más altos que en otras capitales, la problemática que rodea a esta epidemia en los países industrializados de Occidente es muy similar, especialmente a la hora de diseñar estrategias para hacer frente a la crisis. Por ejemplo, cuanto más se deteriora el medio urbano por los efectos de las drogas prohibidas y mayor es el desaliento, la parálisis y la desorientación colectiva de los planificadores sociales, más fuertes y vehementes son las actitudes contradictorias y la ambivalencia de la sociedad hacia las drogas y los drogadictos.

El intenso y controvertido debate sobre las drogas se nutre de un sinfín de principios conflictivos que están profundamente arraigados en las culturas occidentales. Tal es el caso de la pugna entre los preceptos puritanos que exaltan la moralidad estricta y el autosacrificio, y los valores hedonísticos que pregonan el placer y la felicidad a toda costa; o entre los ideales que consideran la libertad del individuo como el bien supremo y los que subordinan el papel del individuo al de la sociedad. Como reflejo de esta fuerte ambivalencia, unas veces se contempla a los drogadictos como criminales o depredadores de sus semejantes y otras como enfermos o víctimas de los males sociales. Este dilema provoca gran confusión e indecisión cuando llega el momento de actuar, pues se oscila entre vías diametralmente opuestas; en unos casos se les confronta con la ley y en otros se les ofrece tratamiento médico; unas veces se les rechaza y otras se les compadece.

Otra ilustración de este conflicto entre las actitudes y los valores que rodean al tema de la droga, es el creciente número de personas que exigen al gobierno que tome medidas para tratar a los afligidos, mientras simultáneamente no paran de poner objeciones a la presencia en sus barrios de centros de tratamiento y rehabilitación. Igualmente, cada día hay más personas que los lunes, miércoles y viernes se lamentan ruidosamente de que la sociedad es prisionera de las drogas y las autoridades no hacen nada para impedirlo, y los martes, jueves y sábados denuncian la intervención pública y defienden que cualquier intento de proporcionar tratamiento a los adictos es demasiado costoso o pisotea sus libertades individuales.

A la vez que esta mezcla de desesperación y ambivalencia alcanza cotas sin precedentes, aumenta también la amarga polémica entre quienes piden o apoyan la legalización de las drogas y los que se oponen a ella. El respaldo a la despenalización se basa en parte en la creencia de que las drogas ilegales no son tan dañinas ni tan apetecibles como muchos temen. Otros señalan también la incongruencia o incluso el cinismo de una sociedad que mientras penaliza severamente el uso de ciertas drogas, tolera sin reservas el consumo de sustancias tan adictivas y peligrosas como el alcohol y el tabaco.

Los partidarios de la despenalización opinan que esta alternativa beneficiaría al individuo y al sistema de libre mercado. Para empezar, aducen, la legalización de las drogas permitiría desistir de soluciones costosas y fútiles de tipo penal y centrarse en estrategias preventivas, de asistencia social o en el tratamiento médico. También señalan que, después de todo, el impacto de tantos años de lucha contra el narcotráfico a nivel nacional e internacional ha sido muy limitado, a pesar de la enormidad de los recursos invertidos en controles de fronteras, policías, tribunales y cárceles.

Este fracaso de las estrategias penales y policiales contra la oferta se debe en gran parte a que el incentivo económico que ofrece el mercado de las drogas ilícitas es extraordinario. De hecho, tanto la heroína como la cocaína se cotizan en las calles de las grandes ciudades de Europa y de Norteamérica a un precio más alto que el valor de su peso en oro. Como consecuencia, en la actualidad no son pocos los países con economías prioritariamente agrícolas para los que la producción y el tráfico de drogas son una fuente esencial de empleo, de ingresos y de sustento vital para mantener a cientos de miles de ciudadanos. Sin embargo, estas naciones sembradoras de droga dura no se sienten moralmente responsables ni obligadas a prevenir que las sociedades más prósperas y «decadentes» consuman heroína o cocaína, porque su prioridad es sencillamente conseguir un mejor nivel de vida para los suyos y sus familias.

En vista de la fuerte correlación droga-crimen, la despenalización serviría para eliminar una infinidad de delitos relacionados con estas sustancias prohibidas, argumentan algunos de sus partidarios. En realidad, las conexiones entre la droga y el índice de criminalidad son innegables, pues no sólo la producción, venta, posesión y, en algunos países, el consumo de drogas son crímenes que se cometen diariamente millones de veces, sino que muchos drogadictos roban o atracan constantemente para poder mantener su adicción. Además, está comprobado que el abuso de drogas es considerablemente más frecuente entre los delicuentes que entre la población general, y que muchas de estas sustancias psicotrópicas fomentan a menudo en las personas conductas impulsivas, agresivas o antisociales. Finalmente, el narcotráfico y la rivalidad entre los productores y traficantes están relacionados directamente con crímenes de corrupción y con la violencia más extremada.

La única forma segura de eliminar la delincuencia asociada con la droga sería su total legalización, un escenario que permitiría la venta de sustancias como la cocaína, la heroína y otros narcóticos, en tiendas a todos aquellos que lo solicitasen. Frente a esta libertad de acceso, todo límite fomentaría inmediatamente la aparición del mercado negro. Hoy son pocos los expertos que dudan seriamente de que la despenalización facilitaría el acceso a más drogas, más puras y más baratas, con lo que se dispararía el uso hasta llegar posiblemente a niveles paralelos a los del consumo de alcohol. Después de todo, la mera existencia de leyes contra la droga, unida a un mínimo de imposición penal, es suficiente para disuadir a muchos consumidores latentes, reducir la disponibilidad de estas sustancias y aumentar su precio.

Es evidente que desde una perspectiva de salud pública, la despenalización de las drogas desataría enormes problemas sanitarios. Aparte de la devastadora epidemia del sida con la que nos enfrentamos en la actualidad, a título de ejemplo recordemos los efectos catastróficos del licor en las tribus indias nativas americanas, o la experiencia de China con los partidarios británicos del opio durante el siglo XIX, cuando los opiómanos se contaban por millones. Igualmente ilustrativo de las consecuencias de la liberación del consumo de narcóticos es el aumento de jóvenes adictos en Inglaterra, donde aún se prescribe heroína a los narcómanos; o en Italia, donde la legalización del uso personal de drogas ha tenido como resultado la creación de más de 300.000 heroinómanos y el mayor número de fallecimientos por sobredosis de droga de toda Europa.

En el extremo opuesto se sitúa la campaña pública en contra del abuso del alcohol que se extendió por los países anglosajones a principios de siglo y que resultó en múltiples restricciones legales sobre la producción, la venta y el consumo de bebidas alcohólicas, hasta llegar a su total prohibición en Finlandia y Norteamérica.

En 1919, la Constitución de Estados Unidos prohibió la producción y venta de bebidas alcohólicas en el país y, según datos oficiales, en los 14 años que duró la llamada *ley seca,* el consumo de alcohol se redujo sustancialmente y las psicosis alcohólicas y muertes por cirrosis hepática también disminuyeron de forma significativa. En cuanto al crimen, no sólo las detenciones por intoxicación pública descendieron considerablemente, sino que, en contra de lo que ha mostrado Hollywood en sus películas sobre la mafia y otros gángsters de la época, el número de homicidios durante este período no se incrementó. Más importante aún, una vez abolida la ley de prohibición, el consumo de alcohol volvió a aumentar meteóricamente.

Al considerar el papel de la sociedad ante un problema como el abuso de drogas, el concepto de la potestad paternalista del Estado en nombre de la sociedad adquiere especial importancia. Muchos están de acuerdo con el principio según el cual la persona adulta y en su sano juicio posee el derecho inalienable a vivir su vida como desee. Para este grupo, la libertad individual sólo debe ser restringida con el fin de proteger a otros. En el caso de las drogas, es cierto que la sociedad sufre, como consecuencia del consumo y de sus efectos negativos, directos e indirectos, sobre la salud, la seguridad pública y los recursos sociales y económicos del país. No obstante, la dificultad se encuentra en decidir qué grado de probabilidad de perjudicar al prójimo o a la sociedad constituye razón suficiente que justifique la intervención paternalista del Estado.

Nadie cuestiona la necesidad de una autoridad protectora durante la infancia o la profunda enajenación mental, pero también se suele aceptar el valor de la intervención paternalista para proteger en ciertas circunstancias al hombre de sí mismo, «por su propio bien». Aquí la dificultad consiste en definir el grado de incompetencia de la persona para tomar una decisión que permitiría la intervención coercitiva de la sociedad. Un punto de partida sería permitir la intervención del Estado en situaciones en las que personas ordinarias razonables eligirían ser protegidas de las consecuencias de la acción que el sujeto en cuestión quiere efectuar. Tal situación lleva implícito el reconocimiento de que existen circunstancias bajo las cuales las personas aceptan su debilidad para resistir un impulso autodestructivo determinado, y exigen que la sociedad las proteja de llevar a cabo sus propios impulsos o deseos. Ciertamente, no somos pocos los humanos que en algún momento de nuestra vida no nos hemos arrepentido de alguna acción y en retrospectiva desearíamos que alguien nos hubiera impedido llevarla a cabo, incluso por la fuerza.

El pasaje de Ulises y las sirenas en *La Odisea* ilustra este dilema. Según esta leyenda griega, en un punto de su arriesgada travesía Ulises sabe que va a escuchar el canto de las sirenas pero teme que si lo hace libremente será seducido por ellas y morirá ahogado. Para evitar ser víctima de esta tentación irresistible, Ulises sella con tapones de cera los oídos de sus marineros para que no oigan las llamadas de las sirenas, manda seguidamente que le aten fuertemente al mástil del barco, y les ordena de antemano que ignoren sus súplicas para que le suelten porque sabe que las hará al ser seducido por la melodía hechicera. Según la leyenda, el relato de Ulises es como sigue:

«Vamos, famoso Odiseo, gran honra de los aqueos, ven aquí y haz detener tu nave para que puedas oír nuestra voz... Así decían las sirenas difundiendo su hermosa voz. Entonces mi corazón deseó escucharlas y ordené a mis compañeros que me soltaran... pero ellos me ataron con más cuerdas, apretándome todavía más... Una vez que por fin pasamos y ya no se oían las voces ni el canto de las sirenas, mis fieles marineros se quitaron la cera con la que yo había tapado sus oídos y me soltaron de las amarras.»

Cuando en medio de los tentadores cantos de las sirenas los marineros se niegan a liberar a Ulises a pesar de sus demandas, se puede decir que están ejerciendo la autoridad paternalista que él mismo les otorgó.

Aunque el equilibrio entre las libertades cívicas del individuo y la autoridad benévola y paternalista de la sociedad es un tema enórmemente complejo y controvertido, resulta evidente que los beneficios potenciales de la despenalización de las drogas palidecerían ante el escenario más posible de millones de personas *enganchadas*.

De todos modos, e independientemente del debate sobre la lucha penal contra el mercado de la droga, es cierto que queda mucho por hacer en el flanco de la demanda. Estudios recientes han mostrado, por ejemplo, la efectividad de las campañas de prevención selectiva que hablan en su lenguaje a la población en peligro, sobre todo a los jóvenes en su propio medio, es decir, en la familia, los colegios, los centros universitarios, sociales o comunitarios donde se concentran y, obviamente, en las cárceles. También se ha demostrado el impacto positivo de los mensajes educativos que, más que sugerir soluciones o lemas simplistas, como el de «diga no a las drogas» tan de moda en Estados Unidos hace unos años, describen crudamente y lo más gráficamente posible las consecuencias trágicas de las drogas, incluyendo los efectos del alcohol, la marihuana, los tranquilizantes y las anfetaminas —sustancias reconocidas como la antesala a las drogas duras—, mientras paralelamente destacan los beneficios y el atractivo de un estado físico y mental saludables.

Es también importante que el tratamiento se adapte al drogadicto y no el drogadicto al tratamiento, pues hasta que se encuentre la cura específica de la adicción, las intervenciones terapéuticas más efectivas son las más accesibles, porque evitan las barreras burocráticas. También se incluyen en este grupo los programas que ofrecen una amplia gama de posibilidades, desde tratamientos no convencionales como la acupuntura, pasando por cuidados médicos tradicionales como los fármacos, la metadona, la desintoxicación y la rehabilitación, hasta los grupos de autoayuda como los Narcóticos Anónimos, los talleres manuales y las granjas. En las ciudades son especialmente efectivos los *gestores sociales,* personas que se responsabilizan de un grupo de drogadictos veinticuatro horas al día y les ayudan a superar la jungla de la burocracia urbana sanitaria y de los servicios sociales, evitando así que pierdan la motivación que les llevó al tratamiento.

Finalmente, otra dificultad añadida para ayudar al drogadicto es su tendencia a minimizar o incluso a negar el problema. Ello explica por qué muchos expertos creen que el tratamiento voluntario del adicto no tiene sentido y favorecen el obligatorio como alternativa al encarcelamiento. De hecho, la experiencia muestra que las estrategias coercitivas favorecen la sumisión al tratamiento, aunque por otra parte estas intervenciones difuminan la frontera entre remedio terapéutico y solución penal. Frecuentemente, cualquier acción impositiva también suscita el espinoso debate de si la sociedad tiene o no derecho a imponer un tratamiento a los drogadictos, frente al paralelo derecho de éstos a tomar sus propias decisiones, aunque sean autodestructivas.

Cualquier estrategia que se adopte para atajar la epidemia de la droga, tenga como base la prevención, el tratamiento, la firme aplicación de la ley, la despenalización, o una combinación de las vías anteriores, tendrá que venir respaldada por políticas sociales y económicas claras y consistentes. El desarrollo de estas políticas exige, antes que nada, que la sociedad encuentre un equilibrio entre los valores que exaltan el placer y los que glorifican el autosacrificio, entre nuestro compromiso con las libertades individuales y el derecho a la intimidad y a la autodeterminación, y nuestro límite de tolerancia hacia la desviación, el sufrimiento y la autodestrucción del ser humano. En definitiva, el proceso de hacer frente a la droga implica la difícil armonización de costumbres y valores éticos, sociales, y humanistas inevitablemente divergentes y relativos.

En todo caso, tenemos que aceptar que las drogas siempre han estado y siempre estarán con nosotros. Esta realidad responde a la necesidad del hombre, casi instintiva y universal, de buscar el placer y de anestesiar el dolor físico y mental, de olvidar las frustraciones de la vida, de evadir o negar sus conflictos internos, y de alterar su conciencia para escapar del aburrimiento y de la angustia existencial.

La creciente complejidad de la vida de la ciudad, con su ritmo implacable, sus libertades, sus alternativas, sus conflictos y desafíos, configura asimismo una ecología psicosocial en la que el uso de sustancias psicotrópicas que alteran el nivel de conciencia se convierte en una opción atractiva para muchos que las ven como única salida para eludir hacer frente a tantos problemas vitales que parecen insolubles. Como escribió Sigmund Freud en su obra *El malestar en la civilización:* «La vida, tal y como la concebimos, es demasiado dura para nosotros, nos proporciona demasiados dolores, desilusiones y tareas imposibles. Para poder soportarla no podemos prescindir de medidas paliativas...: las distracciones fuertes que nos ayudan a no tomarnos en serio nuestra profunda miseria, las satisfacciones que la disminuyen, y la sustancias intoxicantes que nos insensibilizan a ella. Alguna medida de este tipo es indispensable.»

13. El reto del sida

Nuestros ciudadanos eran como todos, absortos en ellos mismos. En otras palabras, eran humanistas, no creían en las plagas. Una plaga no está hecha a la medida del hombre. Por lo tanto, el hombre se dice a sí mismo que la plaga es irreal, un mal sueño que tiene que pasar. Pero no siempre pasa, y de mal sueño en mal sueño son los hombres los que pasan, y los humanistas en primer lugar, porque no tomaron precauciones. Estos ciudadanos no eran más culpables que otros, simplemente se olvidaron de ser modestos, eso es todo... Presuponían que las plagas eran imposibles... Se creían libres, pero nadie será libre mientras haya plagas.

Albert Camus, *La peste,* 1947.

En 1981, cinco hombres jóvenes homosexuales morían misteriosamente de pulmonía en Los Ángeles, mientras que en Nueva York, muchos otros fallecían también a consecuencia de tumores poco comunes. Todos ellos fueron víctimas de una enfermedad desconocida que había debilitado sus sistemas inmunológicos, hasta el punto de privarles de las mínimas defensas para protegerse contra infecciones o cánceres. En pocos meses, a medida que los médicos se iban familiarizando con los criterios diagnósticos y los casos se multiplicaban, la oscura e incurable dolencia adquirió perfiles de epidemia, pero hasta 1983 no se descubrió la causa de esta enfermedad mortal. Fue entonces cuando científicos en París y Washington detectaron simultáneamente —al parecer— el virus del Síndrome de Inmunodeficiencia Adquirida o sida, también conocido como el retrovirus.

En 1992, unos diez millones de hombres y mujeres son portadores del virus del sida en todo el mundo, y en el año 2000 se calcula que serán unos 35 millones, según un estudio de la Organización Mundial de la Salud. En Estados Unidos, donde por lo menos un millón de individuos están infectados, han muerto unas 120.000 personas desde 1984, año en el que se comenzó oficialmente a llevar la cuenta de las bajas. En España existen unos 100.000 infectados y 4.000 han sucumbido ya a la enfermedad.

Los planificadores sociales y expertos en salud pública consideran al sida como la *plaga de las ciudades,* pues la infección se propaga fundamentalmente por medio del sexo furtivo o del uso de drogas por vía intravenosa, problemas endémicos de las grandes urbes de nuestro tiempo. Consecuentemente, la gran mayoría de los afectados en el mundo industrializado reside en las capitales de Europa y de Norteamérica. Por esta razón, la aproximación y las actitudes hacia el sida, así como las estrategias sanitarias desarrolladas para atajar la epidemia, han sido principalmente influenciadas por el hombre, la mujer, y las fuerzas sociales, culturales y políticas de estas metrópolis.

El reto que presenta el sida a las estructuras ciudadanas de salud pública es ingente. Baste citar el ejemplo de Nueva York, ciudad considerada el epicentro de la epidemia en el mundo occidental, donde se calcula que viven actualmente 250.000 infectados por el mortal virus, aparte de las 32.000 personas que han muerto desde que se identificó la enfermedad. Medio millar de casos nuevos son diagnosticados mensualmente en esta gran urbe, donde el sida es ya la tercera causa más frecuente de muerte, detrás de las enfermedades del corazón y del cáncer, y la primera causa entre hombres y mujeres de veinticinco a cuarenta y cinco años de edad, así como entre niños de uno a cuatro años, que fueron infectados por sus madres durante la gestación o el parto.

El retrovirus supone un desafío formidable para la ciencia y la tecnología médica actual, pues, por un lado, se aloja y destruye lentamente los linfocitos T4, las células encargadas principalmente de la defensa del organismo; por otro, permanece silencioso en el cuerpo durante años, mientras su portador, aparentemente sano, propaga la infección. Aunque la prueba del virus ha estado disponible desde 1985 y hoy existen medicamentos antivirales como el AZT y el DDI que si se administran temprano retrasan el curso de la enfermedad y pueden prolongar varios años la vida de algunos infectados, estos avances son anulados por el hecho de que la mayoría de los portadores desconoce su situación. De hecho, mientras están libres de síntomas, muchos alegan no ver ventaja alguna en hacerse la prueba y enterarse de la mala noticia, ya que, al no existir una cura definitiva, tarde o temprano todos los infectados desarrollan el síndrome y mueren en un período que rara vez sobrepasa los doce años.

Al mismo tiempo, la naturaleza de la infección hace enormemente complicado poder encontrar una intervención terapéutica efectiva. Como el virus invade las células responsables de las defensas inmunológicas del cuerpo, la tarea de producir una vacuna o un tratamiento que sea a su vez eficaz y seguro es extremadamente difícil, ya que cualquier remedio tendría que destruir el virus sin dañar paralelamente estas células tan indispensables en las que se aloja.

Conscientes de la impopularidad de esta enfermedad devastadora, que comenzó en Europa y Norteamérica afectando casi exclusivamente a hombres homosexuales y a toxicómanos, de su realidad desesperanzadora y del coste astrónomico que suponía hacerle frente, durante los primeros años de su propagación ni los poderosos medios de comunicación ni los líderes políticos intentaron cuestionar abiertamente la negación general de la existencia de una epidemia. Sólo cuando las revistas científicas empezaron a documentar los casos y los medios de comunicación a divulgar el aumento dramático de la incidencia del mal entre personas fuera de los grupos de riesgo conocidos —es decir, entre hombres heterosexuales, mujeres, niños y hasta profesionales de la medicina que se contaminaban a través de accidentes de trabajo—, las autoridades sanitarias no tuvieron más remedio que reconocer públicamente su impotencia y aceptar explícitamente la magnitud de la epidemia.

Como sucedió con la peste, el cólera y la fiebre amarilla, fue necesario que se acumularan los cadáveres y que el sufrimiento humano llegase a niveles insostenibles para que la sociedad admitiera sin reservas lo que no se podía ignorar más, y buscase una explicación colectiva de la terrible enfermedad.

En la antigüedad, las epidemias se concebían desde un contexto espiritual o religioso y se explicaban en términos de la relación del hombre con Dios. Desde el siglo XVII las interpretaciones sobrenaturales de las plagas han dado paso a hipótesis más laicas y terrenales, basadas en problemas médicos o en costumbres o hábitos nocivos. Por ejemplo, durante la epidemia del cólera del siglo XIX se consideraba que la glotonería, el alcoholismo y la mala higiene personal predisponían a contraer la enfermedad. No obstante, incluso hoy en día los razonamientos moralistas siguen siendo ingredientes importantes a la hora de interpretar una calamidad.

Aceptar que existe una epidemia exige antes que nada la creación de un esquema mental común que explique su aterradora arbitrariedad y que reduzca de paso el sentimiento de miedo y de vulnerabilidad de la mayoría. Este proceso implica la identificación de factores de riesgo, de predisposición o de susceptibilidad entre los afectados, factores que a menudo son utilizados para justificar la marginación y el rechazo de los afligidos por parte de los individuos sanos. Tal rechazo estimula lazos de unión y rituales colectivos entre los miembros de las comunidades afectadas que les sirven de apoyo, de autoayuda y de defensa contra los ataques y la animosidad de la mayoría.

Enfrentada a la epidemia del sida, la sociedad no sólo incluyó entre sus explicaciones ciertas observaciones médicas y epidemiológicas, sino que también expuso argumentos sociales, morales y religiosos. En el proceso de dilucidar la situación, algunos aprovecharon la oportunidad para expresar con un nuevo lenguaje viejos resentimientos, para reafirmar ciertos valores morales conservadores de la mayoría y, de paso, culpar a las víctimas. Lo cual no resultó difícil, ya que, por lo general, se trataba de grupos históricamente discriminados: homosexuales, drogadictos y minorías étnicas inmigrantes.

Como es bien sabido, en las ciudades europeas y estadounidenses la infección fue diagnosticada primero en homosexuales, un grupo que suele evocar fuertes sentimientos negativos en una sociedad mayormente heterosexual. Este primer rechazo se intensificó cuando la siguiente oleada de la plaga afectó a toxicómanos por vía intravenosa, otro grupo tradicionalmente marginado. Y mientras unas personas, enarbolando la protección de la salud pública y el derecho a estar informados hostilmente exigían la segregación, la cuarentena o incluso que se tatuara a los infectados para su fácil identificación, otras empleaban referencias bíblicas tales como *el castigo de Dios* para mostrar su respulsa. El terror a contraer la enfermedad llegó hasta el punto de expulsar o exilar de los colegios a niños sospechosos de estar infectados. Únicamente a quienes se contagiaban accidentalmente a través de transfusiones de sangre contaminadas, como los operados quirúrgicamente o los hemofílicos, se les consideraba víctimas inocentes dignas de compasión, como ha ocurrido con el tenista mundialmente famoso Arthur Ashe. Pronto se hizo evidente que además de un reto formidable para la ciencia médica, el sida suponía un desafío extraordinario a nuestros principios más básicos de convivencia.

A medida que la plaga se extendía y los casos se multiplicaban, estrellas de cine o de la música, prestigiosos escritores, deportistas y personalidades del arte caían bajas del virus mortal ante el asombro del mundo y la curiosidad sensacionalista de los medios de comunicación. Conscientes del estigma que acarreaba la infección, en los primeros años de la epidemia casi todas las víctimas famosas ocultaban su precaria situación o la anunciaban al final, cuando se hallaban irremediablemente al borde de la muerte. Este fue el caso del célebre actor de cine americano Rock Hudson, quien en 1985 hizo pública su enfermedad en sus últimos días de vida y sólo después de que unos periodistas descubrieran los pormenores de su internamiento en una clínica parisiense especializada. Con el tiempo, las actitudes hacia el sida han cambiado algo, como indica el reciente anuncio del famoso jugador de baloncesto Magic Johnson. Esta estrella deportiva, que se hallaba en pleno apogeo profesional, afirmó en una rueda de prensa haber contraído la enfermedad en alguno de sus múltiples y furtivos contactos heterosexuales. Muchos se preguntan, sin embargo, si las multitudinarias muestras de apoyo y admiración que ha recibido este famoso baloncestista se hubieran producido si la causa de su infección hubiesen sido los contactos homosexuales o las drogas.

Numerosos factores sociopolíticos entran en juego cuando se trata de la epidemia de sida. De hecho, incluso su definición se ha convertido en una cuestión tanto médica como política, pues los tratamientos son tan costosos, y la ayuda social y económica que requieren los afectados tan gravosa, que muchos países han optado por adoptar criterios diagnósticos muy restrictivos con el fin de reducir el número oficial de enfermos con derecho a la asistencia pública. En Norteamérica, por ejemplo, sólo se consideran oficialmente enfermos del sida, y por tanto con derecho a ayuda por parte del gobierno, aquellos infectados por el virus cuyo número de células T4 está por debajo de 200 por milímetro cúbico de sangre, aún cuando en el mundo de la medicina cifras inferiores a 1.000 son ya consideradas clínicamente patológicas. Algunos grupos defensores de las víctimas del sida denuncian esta política sanitaria como una forma perversa de eutanasia social que impulsada por motivos exclusivistas o incentivos económicos, permite a la sociedad acortarles la vida a estos enfermos terminales sin su consentimiento.

Tampoco los intentos para cortar el paso a la propagación de la epidemia son fáciles, pues las campañas de prevención del sida desafían valores morales profundamente arraigados en la sociedad, porque deben considerar directamente el papel que juegan el sexo promiscuo o el uso de drogas por vía intravenosa en la transmisión del virus. Para los grupos conservadores y religiosos la única respuesta adecuada a la epidemia es evidentemente un *no* absoluto al sexo y a las drogas. Consecuentemente, estos sectores rechazan con fervor moral cualquier estrategia que trate de hacer estas conductas inmorales más seguras mediante la distribución de preservativos o de jeringuillas esterilizadas. Como contraste, para los grupos liberales las propuestas que intentan hacer obligatoria la prueba del virus o detectar el contagio de los compañeros sexuales se ven como una violación de los derechos civiles.

El sida aviva profundas tensiones raciales a medida que la prevalencia del síndrome se estabiliza en algunos países entre la población homosexual, y aumenta desproporcionalmente entre los toxicómanos y los grupos de condición socioeconómica baja, particularmente entre los inmigrantes y las minorías étnicas. Así, por ejemplo, entre los grupos minoritarios neoyorquinos de raza negra y los hispanos, que cada día constituyen un sector mayor de la población portadora del virus, cualquier intervención oficial de prevención choca con su miedo a la discriminación y su desconfianza histórica hacia la mayoría blanca. Esta actitud explica la fuerte reacción que ha desatado el plan municipal de distribución de jeringuillas entre drogadictos, que los líderes de las minorías han denunciado como una «campaña de genocidio», al considerar que es una forma de condonar o tolerar el uso de drogas, que persigue estimular el consumo entre los sectores minoritaros y, de paso, su autodestrucción.

El sida ha hecho surgir recientemente, sobre todo en Estados Unidos, poderosos grupos militantes de homosexuales que luchan contra la discriminación de quienes lo padecen, y reclaman del gobierno que asigne de forma prioritaria fondos suficientes para acelerar la investigación sobre la causa y la cura del mal. Durante los primeros años de la epidemia, la mayoría de los homosexuales optó por el silencio, pues muchos temían que se incrementara la homofobia y la marginación. Sin embargo, los estragos brutales de la plaga entre esta población, junto al rechazo de los dolientes por parte de la mayoría y la actitud vacilante de los políticos de la sanidad, no tardaron en hacer ver a los líderes de estos colectivos que su silencio equivalía a su extinción.

El activismo por parte de estos grupos modernos de liberación *gay* no comenzó hasta 1987, y se originó en Nueva York, en el barrio predominantemente homosexual del Greenwich Village. Fue allí donde el joven escritor Larry Kramer pronunció una histórica y conmovedora arenga que incluyó muchos nombres y las cifras escalofriantes de homosexuales infectados o muertos por el sida. «Si lo que estáis oyendo no os provoca rabia, furor, y no os impulsa a la acción, los hombres homosexuales no tendrán un futuro aquí en la Tierra», exclamó.

Como resultado de las intensas actividades de estas asociaciones de presión, en corto tiempo se consiguieron éxitos espectaculares que sólo quienes están impulsados por la pasión del peligro de muerte inminente pueden lograr. Por ejemplo, los recursos federales norteamericanos destinados en 1991 para el estudio del sida sobrepasaron por un gran margen las subvenciones asignadas a dolencias mucho más extendidas y letales, como las enfermedades del corazón y el cáncer.

La epidemia del sida también ha alterado costumbres y pautas de comportamiento, especialmente en las grandes ciudades. No sólo ha cambiado la vida del mundo *gay* hasta forzarle a abandonar las prácticas sexuales promiscuas en favor de la relación estable de pareja, sino que también ha influido en el estilo de vida y los hábitos sexuales de hombres y mujeres heterosexuales. Este sector se aterra hoy ante actividades antaño más tolcradas, como los encuentros sexuales furtivos u ocasionales, por lo que se ha producido un aumento meteórico de la popularidad del sexo seguro, la monogamia, y el uso de profilácticos. Estos últimos se han popularizado hasta el punto de que incluso se distribuyen gratis entre los estudiantes adolescentes en las escuelas públicas de muchas ciudades.

Contra lo que pueda pensarse, el abandono del aventurismo en las prácticas sexuales no ha perjudicado a la industria multimillonaria de la pornografía, porque ésta ha aprovechado el lema del sexo seguro para exaltar las ventajas de la excitación sexual por medio del vídeo, o a través de llamadas telefónicas que ofrecen con éxito extraordinario en los medios de comunicación los comerciantes del sexo. Tampoco la población de toxicómanos ha sido ajena a los cambios a causa del síndrome mortal, a pesar de que estos grupos han sido tradicionalmente muy poco receptivos a las influencias preventivas. En este sentido, se ha detectado un claro aumento en la preferencia por fumar, inhalar o *esnifar* la heroína y la cocaína en comparación con el uso de la más arriesgada vía intravenosa.

Hoy, en las grandes ciudades de Occidente vivimos con el sida. En Nueva York, por ejemplo, son ya pocos los que no han visto a un familiar, a un amigo o a un colega desaparecer prematuramente víctima de la enfermedad. Basta con echar un ojeada diaria a las esquelas de cualquier periódico para convencerse de la enormidad de lo que está pasando. De hecho, los expertos advierten que el impaco de la epidemia en el mundo de las artes ha sido y sigue siendo devastador y es probablemente irreversible.

Todas las enfermedades son metáforas, símbolos que absorben y reflejan el carácter de sus víctimas y la ecología social que les rodea y con la que se relacionan. El sida simboliza, por un lado la enfermedad de la concupiscencia, de la promiscuidad, del abandono al sexo furtivo y a las drogas. Además refleja la muerte prematura, la ruina de la juventud, la discriminación y el aislamiento social. El síndrome es, ciertamente, una enfermedad de la civilización de nuestros días, de la vida de la urbe.

Si los símbolos y conflictos que suscita esta epidemia son abrumadores, el grado de sufrimiento que causa el padecimiento es aún más devastador, porque el sida marca a la persona enferma con el terror de una muerte temprana, el pánico a contagiar a otros y la culpabilidad de una enfermedad que se considera aborrecible y autoprovocada. El sufrimiento se extiende desde los afligidos a sus familiares, pasando por sus parejas y amigos, los profesionales que los atienden, y los sectores de la población que se sienten estigmatizados y segregados por ser percibidos como fuentes de contagio.

El sida no sólo ha asestado un golpe devastador a nuestra ilusión de prepotencia y ha hecho añicos la creencia de que las epidemias no volverían a azotar el mundo desarrollado, sino que además nos enfrenta con la irrevocable realidad de que la muerte forma parte inseparable de nuestro cuerpo y de nuestro entorno. Esta plaga fuerza a la sociedad a establecer sus prioridades y nos desafía a equilibrar valores individuales y sociales conflictivos, como la libertad personal y el bienestar común, el derecho a la intimidad y el derecho a conocer. En definitiva, el sida es un reto porque pone a prueba nuestra tolerancia hacia el sufrimiento humano y nos pone en contacto con nuestros prejuicios y fobias sociales.

14. El mosaico urbano y el racismo

> La turba colgó a Wyatt de un poste de teléfonos en la plaza pública. Mientras el negro se convulsionaba en la agonía del ahorcado, los torturadores encendieron un fuego al pie del madero. El cuerpo del negro, aún con vida, comenzó a arder. Los quejidos de dolor que se oían salir de la víctima moribunda sólo sirvieron para enfurecer más aún a los verdugos, quienes abalanzándose sobre el cuerpo abrasado lo apalearon y apuñalaron hasta hacerlo pedazos. Sólo cuando la última señal de vida había partido del cadáver, los ejecutores desistieron y dejaron que las llamas lo devoraran.
>
> *The New York Times,* «Descripción de un linchamiento en Belleville», EE.UU., 1903.

Los dramáticos cambios geopolíticos recientes, combinados con las profundas crisis sociales y económicas ocurridas en Europa del Este, Oriente Próximo, África del Norte y Latinoamérica, han provocado movimientos migratorios humanos sin precedentes. Como resultado, numerosos centros urbanos de Europa y Norteamérica han experimentado un impresionante flujo de inmigrantes, cuya presencia ha agudizado los contrastes demográficos de las ciudades y ha avivado las tensiones y conflictos étnicos y raciales, poniendo a prueba los principios democráticos, las normas básicas de convivencia y, sobre todo, el carácter tolerante y racional de los ciudadanos.

Sólo en la ciudad de Nueva York se han recibido casi un millón de inmigrantes legales en los últimos ocho años, la mayoría procedente de América Latina, el Caribe y Asia, lo que ha transformado la faz de su población. Al entrar en los años noventa, menos de la mitad de los residentes de esta metrópoli, o unos tres millones de ciudadanos, son de ascendencia europea, mientras más de dos millones de neoyorquinos son de raza negra, otros dos millones son hispanos y un millón asiáticos, indios y esquimales. Tan apasionante mosaico de razas, culturas y lenguas constituye un incomparable panorama universal.

Aunque los prejuicios racistas no conocen fronteras y la historia de la civilización está repleta de costumbres y prácticas discriminatorias basadas en el color de la piel de la persona, no hay duda de que Estados Unidos es internacionalmente considerado como el país arquetipo del racismo institucionalizado. Se dice que en 1619 un colonizador holandés vendió los primeros negros en el pueblo americano de Jamestown. Si bien no se sabe exactamente cuál fue el paradero de aquellos desafortunados, lo que sí se sabe con certeza es que en esta joven nación ha existido desde el principio una conciencia muy aguda de las diferencias raciales que, inexorablemente, ha resultado en la segregación y explotación de las personas de color.

En la segunda mitad del siglo XVII, la esclavitud fue

legalizada en las colonias de América del Norte y se estableció oficialmente la importación, venta y posesión vitalicia de esclavos negros, como solución al problema económico ocasionado por la falta de mano de obra en las grandes plantaciones de tabaco del sur de la nación. Harían falta dos siglos para que la esclavitud en Norteamérica fuera abolida, pero aunque afortunadamente ya no se dan linchamientos, las arraigadas conductas y actitudes discriminatorias continúan en nuestros días.

Buen ejemplo de las prácticas exclusivistas es la sistemática vinculación estadística de los hombres norteamericanos de raza negra al crimen, como perpetradores y como víctimas. De hecho, los jóvenes negros constituyen una *generación encarcelada,* pues uno de cada cuatro entre los veinte y veintinueve años de edad está en la cárcel o en libertad condicional. El contraste es enorme cuando esta proporción se extrapola a los jóvenes blancos, pues sólo uno de cada treinta y cinco está en prisión o bajo libertad vigilada. Paralelamente, hay más varones negros procesados por el sistema de justicia penal que matriculados en universidades. Muchos ni siquiera llegan a la celda, pues el homicidio es la causa más frecuente de muerte entre varones de raza negra de quince a veintitrés años, un índice ocho veces más alto que el de blancos.

Los hombres y mujeres de color también sufren de muerte prematura. La tasa de mortalidad infantil entre los recién nacidos de raza negra alcanza 16 muertes por cada 1.000 nacimientos, casi el doble de la población de raza blanca. Un factor contribuyente es el hecho de que dos tercios de todos los niños negros nacen de madres solteras —quienes frecuentemente no reciben los mínimos cuidados prenatales—, más del triple que los blancos. Mientras la expectativa de vida para la población de raza blanca estadounidense es de setenta y seis años, para los negros es de sesenta y nueve. Muchos más negros que blancos mueren de ataque al corazón, diabetes y cirrosis de hígado, y la posibilidad de que un hombre negro del barrio neoyorquino de Harlem llegue a los sesenta y cinco años es menor que en Bangladesh.

La corta vida que caracteriza a esta minoría ha sido relacionada científicamente con la pobreza, la mala nutrición, y el estado continuo de frustración y estrés que supone vivir en una sociedad con prejuicios raciales, donde una de cada cuatro personas de color vive oficialmente en la pobreza. No es de extrañar, pues, que haya negros que estén convencidos de que la mayoría blanca no los quiere, que literalmente les desea la muerte. También resulta comprensible la profunda desconfianza que esta minoría siente hacia las clases blancas en el poder.

Incluso entre el estrato más privilegiado de la minoría negra americana, las actitudes estereotipadas de la sociedad son un recuerdo amargo del irrealizable sueño de armonía racial perfilado en el movimiento de los derechos civiles de los años sesenta. Fueron años en que millones de negros y blancos, alentados por el carismático Martin Luther King Jr., se unieron en la lucha contra la injusticia racial. Cada vez que a un hombre de raza negra no se le abre la puerta de una tienda elegante de la Quinta Avenida de Nueva York, que un taxi pasa de largo sin pararle o que es el único a quien le piden la documentación, su resentimiento, rabia y rechazo hacia la sociedad aumentan. En realidad, no son pocos los que piensan que estos incidentes, lejos de ser aberraciones aisladas, son las manifestaciones de una cultura llena de prejuicios raciales.

Los estereotipos, a menudo perpetuados por los medios de comunicación y la publicidad, sirven para avivar el fuego de la discordia. En este sentido, Hollywood, meca publicitaria de Estados Unidos, responsable de inmortalizar la estampa de omnipotencia y moralidad que este país exporta, se ha encargado de alimentar al pueblo americano y de diseminar al resto del mundo esta imagen de bondad y de esplendor, mostrando sus glorias y sus conquistas, su ídolos, sus romances y sus sueños. Pero, al mismo tiempo, la poderosa industria del cine también ha sido una fuerza notable a la hora de perpetuar en el celuloide y el vídeo los estereotipos étnicos negativos. Por ejemplo, hasta hace poco, en las películas las personas de apariencia china representaban habitualmente a los cocineros; los japoneses, a los espías; los mexicanos, a bandidos, y los negros, a payasos o a delincuentes. Dado que las relaciones o el contacto personal entre estos grupos minoritarios y la mayoría blanca son muy limitados, las posibilidades de neutralizar estas imágenes estereotipadas han sido mínimas. Como resultado, se ha institucionalizado un proceso de condicionamiento racial de trágicas consecuencias.

Las imágenes negativas sobre las razas de color se encuentran en la Biblia, que afirma constantemente la complicidad entre la negrura y el mal, la desesperación o la muerte. Mientras en el Génesis, Dios separó el bien, simbolizado por la luz, del mal, representado por la oscuridad, el Nuevo Testamento está repleto de imágenes que equiparan lo negro con el pecado, la maldad, el dolor y el sufrimiento. Según algunos eruditos, la Biblia no sólo proveyó una cosecha abundante de imágenes que asociaban lo oscuro con lo indeseable, sino que también proporcionó la justificación del racismo por razones religiosas. Estas voces citan, por ejemplo, a Noé, quien después de emborracharse y ser hallado desnudo por Cam, maldijo a éste, a su hijo Canaán y a sus sucesores a ser para siempre «sirvientes de sirvientes». Aunque en este relato las escrituras no mencionaron el color de la piel, leyendas posteriores vincularon a los descendientes de Canaán con los negros de África.

Además de las imágenes bíblicas del bien y del mal, el impacto sociológico del lenguaje contemporáneo ha sido enorme en la vida diaria. En este sentido, incluso las minorías de color han llegado a aceptar expresiones que simbólicamente fomentan sus propios estereotipos. Por ejemplo, en diversas lenguas la palabra *negro* a menudo connota suciedad, pesimismo, desesperanza o ilegalidad. Expresiones como *oveja negra, lista negra, mercado negro, magia negra,* o *ver negro* refuerzan subliminalmente las actitudes negativas que la sociedad tiene hacia esta raza. Después de todo, el lenguaje es un espejo de la sociedad. Por otra parte, la convivencia social en centros cosmopolitas, tan impregnada de aprensiones étnicas y raciales, crea otros problemas de lenguaje que se manifiestan en la conversación diaria. En Estados Unidos, frecuentemente las complicaciones semánticas derivan del desacuerdo que existe sobre cuál es la expresión socialmente aceptable para referirse a la minoría negra, ya que, dependiendo del contexto, se pueden usar expresiones que tienen connotaciones diferentes, como *colored, negro, black, African-American.* El uso público de un término considerado inapropiado puede fácilmente dar lugar a acusaciones de insensibilidad racial o incluso de racismo.

Tras años de intenso desprecio y condena del racismo norteamericano, en los últimos años los pueblos de Europa han experimentado con euforia y grandes esperanzas la caída del muro de Berlín y sus históricas consecuencias, y se han regocijado ante el panorama de una era de prosperidad sin precedentes para una comunidad de países unida y armoniosa. Hoy, sin embargo, son muchos los que empiezan a dudar de la capacidad de estas naciones para poder integrar culturas y razas diversas, y se preguntan si las instituciones sociales, económicas y políticas podrán dar abasto con las olas abrumadoras de nuevos inmigrantes que cruzan sin cesar las puertas de estas metrópolis en busca de una vida mejor.

Sin duda, estos países de larga historia están experimentando un torrente de inmigración de proporciones extraordinarias, con un paralelo aumento de conflictos étnicos y raciales que no habían vivido desde el colapso del colonialismo, al final de la Segunda Guerra Mundial. Se calcula que en 1991 casi un millón de personas inmigraron legalmente a las ciudades europeas, aparte los 500.000 inmigrantes que lo hicieron buscando asilo político. Como resultado, mientras los paquistaníes, los indios y los bangladesíes han cambiado la composición demográfica de las urbes inglesas, los africanos y árabes lo han hecho con las francesas. Las ciudades españolas también se han visto conmocionadas por la conflictividad social y las luchas racistas que han envuelto a los inmigrantes africanos, a los árabes y, sobre todo, a los gitanos.

Desafortunadamente, en la actualidad, las piezas de

estos mosaicos étnicos urbanos están separadas por una profunda brecha de racismo que llega hasta le médula misma de la identidad de muchas de estas naciones. Nadie siente esta escisión más íntimamente que los ciudadanos de color, las minorías más visibles y, en muchos casos, las más numerosas. Para ellos, estos países contienen dos sociedades, una *blanca* y otra *negra,* separadas y desiguales.

La inmigración constituye en la actualidad uno de los temas más virulentos y controvertidos. De hecho, en muchos países europeos la inmigración no sólo ha desplazado el debate político hacia la derecha, sino que se proponen cuotas de inmigrantes y se habla de expulsar a los ilegales, a quienes se tacha abiertamente de colectivos parasitarios. Pocos dudan de que el racismo en los países industrializados está en auge.

Con la inmigración y las tensiones raciales aparentemente fuera de control, la meta de la asimilación multirracial en muchas ciudades alberga poco atractivo y aún menos esperanza. De hecho, muchos están convencidos de que estas minorías nunca podrán ser asimiladas. El miedo a los extranjeros, tan extendido en las urbes de hoy, está alimentado hasta cierto punto por los estereotipos y la falsa información.

A menudo, los grupos étnicos discriminados juegan el papel de chivo expiatorio del momento histórico, viéndose obligados a aceptar la culpa de los problemas sociales del momento, ya sea el crimen, la droga, el sida o el déficit de fondos públicos. De esta forma, las minorías son como espejos en los que se proyectan las aberraciones y los fracasos de la sociedad. La tragedia es que responsabilizar a las minorías de los problemas sociales mientras se evade o se niega la amenaza real, es sin duda el desplazamiento de culpa más peligroso que puede ejercer una sociedad, un exorcismo que al final se paga con la libertad.

Las raíces del sentimiento racista se nutren de estereotipos derivados de la ignorancia sobre la realidad ontológica de los hombres y mujeres que configuran las minorías étnicas y raciales, de viejos valores judeo-cristianos que separan a los *infieles* y *paganos,* generalmente representados por personas de color, de los *creyentes,* en su mayoría blancos, de mecanismos psicológicos que permiten al individuo frustrado compensar su baja autoestima comparándose con las condiciones deplorables de las minorías marginadas, y de la necesidad del poderoso de crear y perpetuar un grupo explotable de *subhumanos.*

El racismo es ignorante, impersonal y deshumanizador. Aunque las estrictas leyes que en muchos países protegen a las minorías contra su discriminación en el terreno de los derechos civiles, o en el acceso a las oportunidades de educación y empleo, tienen cierto éxito contra los efectos del racismo, las actitudes y prejuicios raciales son especialmente vulnerables al trato individual y al conocimiento personal de los hombres y mujeres de color. Según estudios sociológicos recientes sobre cómo combatir la aprensión y el odio etnocéntrico, el método que tiene más éxito es el de agrupar personas de distintas razas y culturas en pequeños equipos que trabajan juntos en busca de una misma meta. En este sentido, la experiencia reciente de los soldados estadounidenses en la guerra del golfo Pérsico de 1991 fue reveladora. En el frente, donde el 25 por 100 de las tropas era de raza negra, no existían las tensiones raciales. Enfrentados con la muerte y los peligros del conflicto, los soldados se sentían unidos, compartían el mismo objetivo y dependían los unos de los otros. Como algunos de ellos declararon públicamente, «en las trincheras y en los carros de combate no había ni blancos ni negros, sólo amigos». Paradójicamente, para estos hombres y mujeres soldados, la guerra, a pesar de su enorme devastación, fue racialmente humanizadora.

A la postre, el racismo nos plantea un doble reto: salvar la vida de las minorías rescatando al mismo tiempo el alma de la mayoría. Porque el racismo extermina a las víctimas, pero también lleva a los verdugos a su autodestrucción al confinarlos en un desierto moral, poblado exclusivamente por las distorsiones y patologías que engendran el miedo irracional, la ignorancia y el odio.

15. La deshumanización de la medicina

> La medicina es el arte más noble, pero debido a la ignorancia de quienes la practican y a la desconsideración de quienes los juzgan, actualmente se encuentra muy por detrás de las demás artes. El fallo, me parece a mí, procede de que en las ciudades no existe ningún castigo vinculado a la práctica de la medicina, excepto la deshonra, mas ésta no daña a quienes están acostumbrados a vivir con ella. Estos individuos son como los muñecos que se usan en las tragedias, aunque tienen la forma, el vestido y la apariencia de actores, no lo son. Existen muchos médicos de título, pero muy pocos de verdad.
>
> Hipócrates, *La Ley,* aprox. 400 a. C.

Un claro reflejo del profundo contraste que establece la ciudad con la vida del campo es la deshumanización que ha experimentado la medicina en los centros urbanos. Las metrópolis, con su ritmo acelerado, su congestión humana, su culto al dinero y al consumo, su atracción por la alta tecnología y su énfasis en el *aquí y ahora,* en lo inmediato, lo práctico y lo efectivo, están convirtiendo la relación entre médico y enfermo en una transacción mercantil, un intercambio distante y frío.

En la actualidad se puede observar claramente un creciente alejamiento no sólo entre el médico y el paciente, sino también entre el galeno y su profesión. Para los enemigos de la urbe, la pérdida progresiva de los ingredientes humanos de benevolencia y calor que ha sufrido la medicina, es una prueba más del proceso de desintegración del contrato social que azota a tantas ciudades del mundo industrializado.

En esta era de tecnología médica avanzada, de litigios constantes entre doctores y enfermos, de politización de los servicios de salud, de racionamiento y comercialización de la medicina, y de burocratización de la organización sanitaria, la sociedad espera que la medicina sea una profesión heroica que armonice el humanismo y la ciencia. El humanismo celebra la dignidad y el valor del hombre y la mujer en su totalidad, y su capacidad para autorrealizarse. En medicina, el humanismo es un ingrediente necesario de la relación entre el médico y el enfermo, un arte de palabras, sentimientos y actitudes. El médico lo expresa con compasión, tacto, comprensión, lo que a su vez evoca en el paciente confianza, seguridad y esperanza.

Sin embargo, en nuestras ciudades cada día es mayor el número de personas que se quejan de la ausencia de humanidad en el médico actual. La gente añora la imagen idealizada del galeno rural de antaño, a pesar de que a menudo éste no podía hacer otra cosa que limitarse a confortar al enfermo con su presencia, mientras la enfermedad seguía irremediablemente su curso. No obstante, el sentir popular es que el médico del pasado era más humano, más comprensivo, más considerado y más consciente de las necesidades afectivas y espirituales del paciente. De hecho, incluso quienes con una actitud pragmática elogian constantemente los avances de la ciencia moderna y piensan que la idea del médico bondadoso de otro tiempo es una exageración o incluso un mito, suelen opinar que la medicina de hoy no presta la suficiente atención a los sentimientos del enfermo y están de acuerdo con el dicho «ahora vivimos mejor pero nos sentimos peor».

Para muchos, la imagen del médico tradicional simboliza el héroe legendario abnegado que persigue un fin superior, y después de recorrer un arduo camino y superar retos formidables y tentaciones seductoras, alcanza su objetivo último y generoso de rescatar a la víctima o de hacer el bien a los demás. Desgraciadamente, no pocos facultativos de hoy se distancian con demasiada frecuencia de estos fines humanitarios y altruistas para sucumbir a las tentaciones materialistas del enriquecimiento y a la arrogancia.

Los avances extraordinarios de la ciencia y la tecnología médicas han causado enormes beneficios a la humanidad, pero también han creado expectativas inalcanzables en la sociedad. Sin duda, la medicina ha hecho milagros, desde vacunas contra enfermedades epidémicas hasta curas para el cáncer, pasando por antibióticos y paliativos del dolor. Como consecuencia, en este siglo, la duración media de la vida casi se ha duplicado y la experiencia y calidad del vivir han mejorado notablemente. No obstante, las ilusiones inalcanzables tan extendidas de bienestar perfecto, salud inquebrantable y longevidad indefinida, avivadas constantemente por los medios de comunicación, hacen que mucha gente en algún momento se sienta decepcionada con la limitada eficacia de los profesionales de la medicina. Al mismo tiempo, no es difícil notar que la satisfacción de los mismos médicos con su profesión se ha deteriorado de forma alarmante.

La relación entre médico y enfermo ha evolucionado con el tiempo, tras haber incorporado las normas culturales y las expectativas de la época. Por ejemplo, la creciente divulgación e información pública sobre temas de salud, junto al cuestionamiento y rechazo de la tradicional actitud autoritaria y paternalista del doctor hacia el paciente, han impulsado recientemente el concepto de la decisión médica compartida, en la que el médico aporta sus conocimientos y experiencia y el enfermo sus valores y deseos. Aunque este nuevo estilo de relación implica un nivel más alto de autonomía en el paciente y mayor franqueza e imparcialidad en el galeno, para muchos la decisión compartida es una idea todavía controvertida que choca con la noción acostumbrada de que el facultativo es el que toma todas las decisiones, mientras que el paciente se debe limitar a cumplir sus órdenes. Así pues, a menudo el médico se siente incómodo ante la posibilidad de ceder o incluso compartir su potestad con el doliente o sus familiares. Paralelamente, aún abundan las personas que siguen prefiriendo al doctor omnipotente y no se atreven a participar en decisiones sobre el tratamiento de su enfermedad, aunque la elección de una u otra trayectoria entre las diferentes opciones a su alcance tenga un impacto directo sobre su cuerpo y sobre la calidad de su vida en el futuro.

Otro fenómeno diariamente constatable es que a medida que la tecnología médica puede en tantos casos posponer el fin de la vida, la muerte se está transformando gradualmente de un suceso natural en una decisión humana. No existe situación que ponga más a prueba el humanismo en el médico que el paciente terminal. Instruidos en el arte y la ciencia de curar enfermedades y prolongar la vida, muchos galenos evaden al paciente agonizante porque les confronta en silencio con la dura realidad de su ignorancia, su impotencia y su fracaso. Resulta ciertamente trágico ver a tantos hombres y mujeres agonizar lentamente en las unidades de cuidados intensivos de los grandes hospitales urbanos, solos, privados de un final tranquilo y digno junto a sus seres queridos. La prolongación de la muerte por medios artificiales supone un desafío ético y moral al derecho de la persona a morir con dignidad, a la decisión compartida, y a la relación entre el médico, el paciente y, en muchos casos, la familia.

Existen además otras barreras que dificultan la aproximación humanista en la práctica de la medicina. Para empezar, son bastantes los doctores que honestamente opinan que dar hora, recibir puntualmente al paciente y dedicarle tiempo para escucharle, confortarle y animarle es irrelevante para la efectividad de la intervención médica. Algunos incluso admiten en privado que mantener una actitud atenta, considerada y deferente en la consulta, si bien es elogiable, no es factible, pues lleva tiempo y por consiguiente cuesta dinero. En definitiva, para estos profesionales no es eficiente ni inteligente valorar el tiempo del paciente como el suyo propio. Después de todo, sostienen, aún sin estos ingredientes sociales «ritualistas» y «simbólicos», la mayoría de los enfermos consiguen mejorar en la mayor parte de los casos, gracias a los adelantos de la ciencia.

La tendencia tan extendida entre los facultativos a descartar los sentimientos de los pacientes y a devaluar sus experiencias *subjetivas,* también se refleja en la renuencia de tantos médicos a tratar el dolor. Parte del problema son los mitos que existen acerca del valor del sufrimiento, que frecuentemente forman parte de la cultura y de los principios puritanos que hasta cierto punto han guiado durante siglos a las sociedades occidentales y a la medicina en particular. Entre ellos se incluyen la noción de que el dolor es un ingrediente necesario para el desarrollo de un carácter sólido y estable en el hombre, o la creencia de que los niños pequeños no sienten dolor. Otro tanto sucede con la suposición de que las personas de edad avanzada gozan de una alta tolerancia al dolor y lo soportan bien, o que el uso de narcóticos después de una intervención quirúrgica produce a menudo drogadicción. Conscientes de la falta de fundamento de estos conceptos y del sufrimiento innecesario que ocasionan, las autoridades sanitarias de algunos países han recomendado oficialmente a los doctores que provean enérgicamente fármacos para prevenir o aliviar el dolor a pacientes operados, con el fin de disminuir el tormento y acelerar su recuperación.

En el fondo, muchos médicos se muestran escépticos ante la conexión «mente-cuerpo» y el potencial terapéutico del optimismo, la comunicación, el apoyo moral y la benevolencia. Sus estudios de medicina les convencieron del poder inigualable del reduccionismo biológico. Sin embargo, la idea de que la mente influye en gran medida en la causa, el desarrollo y la cura de enfermedades físicas no es nueva y, de hecho, está abiertamente aceptada en otras culturas.

Desde tiempos antiguos se piensa que la presencia de una mente sana es indispensable para poder disfrutar de un cuerpo sano. No obstante, muchos galenos de hoy tienen gran dificultad en aceptar y, por tanto, en incorporar a su bagaje de conocimientos datos científicos que sugieren, por ejemplo, que el cariño y apoyo de la esposa reducen estadísticamente el peligro de sufrir de angina de pecho en el marido, incluso cuando éste está predispuesto hacia la enfermedad de corazón. Igualmente, los médicos de hoy tienden a ignorar las curas esporádicas de cáncer que parecen estar relacionadas con ciertos aspectos espirituales del enfermo, o no saben qué hacer con estudios al respecto, como el que recientemente demostró que la autohipnosis y la participación semanal en un grupo de psicoterapia de apoyo triplicó el índice de supervivencia de mujeres afectadas por cáncer de mama con metástasis. Al mismo tiempo, nadie duda de que si se descubriera un medicamento que triplicara la tasa de supervivencia de enfermos de cáncer incurables, se produciría un gran revuelo en el ámbito de la medicina.

Es evidente que los avances en la tecnología y la farmacología han disminuido considerablemente la necesidad de entrevistas clínicas minuciosas y exploraciones físicas extensas. Como resultado, el contacto personal y directo del facultativo con el paciente no es ya tan importante. La relación se establece prioritariamente a través de procedimientos, aparatos y remedios, a los que comprensiblemente se les atribuyen los beneficios «tangibles» y «reales» de la intervención médica.

A estos factores distanciantes entre el médico y el enfermo hay que añadir la influencia deshumanizante de la cultura del trabajo en el sistema sanitario saturado y agobiante de nuestras capitales. Esto se materializa en la tiranía de los horarios apretados y las onerosas exigencias y regulaciones burocráticas, en el ambiente de constante antagonismo que existe entre proveedores y clientes, la suspicacia mutua y el clima de enfrentamientos legales, ya que ambos se sienten maltratados por el sistema y desconfían de las actitudes y motivos del otro. Demasiados médicos de hoy son funcionarios renuentes, mal retribuidos y atrapados en un mundo tecnocrático que odian. Se sienten acosados por administradores impacientes por controlar y por abogados ansiosos por litigar, y están siempre faltos de tiempo y de energía para sentarse a la cabecera del doliente y aliviar sus temores o impartirle esperanza.

Otro hecho indisputable es que en la mayoría de las instituciones públicas actuales la dignidad humana del paciente recibe, en el mejor de los casos, atención mínima. Los enfermos son considerados una imposición, una carga, números y no individuos, vidas estadísticas sin identidad. La estructura burocrática de estos hospitales y clínicas está organizada principalmente para satisfacer la mecánica interna de la institución y la conveniencia del personal y no para el bienestar y beneficio del enfermo. Por consiguiente, los aspectos humanos de la medicina se arrinconan o se ignoran.

Uno de los factores determinantes del fracaso del humanismo de la medicina actual radica en la perversión de los esquemas económicos. A los médicos se les prima, se les recompensa desproporcionadamente por atender al mayor número de enfermos en el menor tiempo posible, por utilizar procedimientos técnicos avanzados, por ordenar pruebas de laboratorio y por intervenir quirúrgicamente. Incluso los doctores de familia, con escasa tecnología a su alcance, descubren pronto que dedicar tiempo a escuchar al paciente o explorar su vida causa una disminución substancial en sus ingresos. Muchos clínicos saben lo difícil que resulta resistir la tentación de efectuar una intervención técnica, aunque sólo sea para confirmar un diagnóstico consabido, especialmente cuando acarrea un beneficio económico y, de paso, impresiona al enfermo con sus propiedades mágicas.

Numerosas investigaciones han venido a demostrar que los incentivos económicos cambian las conductas de los médicos. Por ejemplo, los galenos que cobran por visita dedican más tiempo y observan personalmente con mayor frecuencia a los pacientes que quienes trabajan a sueldo fijo. Por otro lado, el énfasis del gobierno por controlar los costos financieros de la asistencia sanitaria, en muchos casos a costa de la calidad, inexorablemente interfiere con el tratamiento digno, individualizado y completo.

Nadie duda de que hay algo fundamental que falla en la medicina de nuestras ciudades. Deshumanizada, cara, incluso cruel, la asistencia sanitaria plantea un desafío a la sociedad y a sus líderes a la hora de armonizar los valores humanistas de la compasión hacia el doliente y la dignidad del hombre, con el sentido social y espíritu heroico del servicio médico, y con el progreso de la tecnología y de la ciencia. El camino será arduo, el conflicto inevitable, pero el reto es necesario. Después de todo, ni la medicina ni la sociedad pueden vivir la una sin la otra.

16. La opción de morir

> Esos que tienen la fortaleza y el amor para acompañar al moribundo en el silencio que va más allá de las palabras, saben que el trance no es aterrador ni doloroso, sino sólo el cese callado del funcionamiento del cuerpo. Presenciar la muerte pacífica de un ser humano nos recuerda a una estrella fugaz, una de las millones de luces del cielo inmenso que brilla un breve momento antes de desaparecer para siempre en la noche interminable... La pequeña verdad es de palabras claras; la gran verdad es un enorme silencio.
>
> Elisabeth Kubler-Ross, *Sobre el morir y la muerte,* 1969.

Muchos pensadores han debatido a lo largo de los siglos el dilema de la existencia del ser humano, el único animal que simultáneamente es consciente de su ilimitada imaginación, de su naturaleza efímera y de su mortalidad certera. La única criatura que después de evolucionar, liberarse y concienciarse hasta trascender con nobleza y dignidad la condición de animal, se enfrenta con su inevitable caducidad, con la realidad agónica de que, por especial o racional que se crea, su final es el mismo al de cualquier otro animal.

La idea de la muerte persigue a la humanidad más que ninguna otra cosa. El hombre dedica enormes energías, conscientes e inconscientes, a evadir o negar que la fatalidad de la muerte es su destino irrevocable. Aunque no sea siempre aparente, el terror a la muerte es universal, constituye la motivación principal en la vida de la persona y nutre el instinto humano de conservación. De hecho, a lo largo de la Historia, uno de los atributos más admirados en el hombre es el valor de arriesgar su vida y de enfrentarse con la muerte. En el terreno de lo divino y de la ficción, el héroe supremo es quien entra en el mundo de los muertos y resucita para retornar al mundo de los vivos.

Sin embargo, cada día se encuentran más personas para quienes llega el momento en que la supervivencia se torna en amargura, vivir se vuelve intolerable y el horror a la muerte se transforma en el deseo de fallecer. Como consecuencia de la extraordinaria tecnología médica que existe para prolongar artificialmente la vida biológica del ser humano, uno de los mayores retos de la vida moderna es la agonía interminable que producen muchas de las enfermedades crónicas e incurables de nuestro tiempo, como ciertos cánceres, las demencias, y otros procesos degenerativos del sistema nervioso. Para sus víctimas, el miedo al dolor, a la dependencia, a la soledad, a la indignidad y al descontrol que causan estas dolencias lentas y devastadoras, es muchas veces superior al terror de la misma muerte.

Indudablemente, el sufrimiento humano ha perdido gran parte del valor místico y redentor que se le atribuía en otros tiempos. Especialmente en las grandes urbes del mundo desarrollado, cada vez son menos los que sinceramente piensan que un día, después de muertos, serán premiados en el *más allá* por los tormentos que toleraron aquí en la Tierra. El hombre y la mujer de la ciudad de hoy, encontrándose en los sectores vanguardistas de la civilización y del progreso, son agudamente conscientes de las limitaciones e incertidumbres de su destino y de la relatividad de su trascendencia; al mismo tiempo utilizan cada día más una orientación laica y pragmática para resolver los desafíos y dilemas de la existencia. En su camino, estos ciudadanos huyen instintivamente de la opresión y del dolor y buscan sin cesar la autodeterminación y la calidad de vida.

En las ciudades de Occidente, la opción de morir voluntariamente y la consideración de la muerte asistida o de la eutanasia como alternativas de una vida insufrible han pasado del mundo del tabú y de la intimidad, o de la discusión académica a puerta cerrada, a la luz pública. En la actualidad, el derecho a morir con dignidad y los diversos métodos de muerte voluntaria están siendo debatidos tan intensa como abiertamente en muchos países por los medios de comunicación de masas. Por ejemplo, la reciente y controvertida obra de Derek Humphrey *La última salida,* un sobrio manual para enfermos incurables sobre cómo suicidarse racionalmente, con éxito y sin dolor, alcanzó en pocos días la cotizada lista de los libros más vendidos en Norteamérica. No menos impacto están teniendo las actividades del médico estadounidense Jack Kevorkian, quien estrenó en 1991 su *máquina de suicidio,* un artefacto casero que automáticamente inyecta por vía intravenosa una dosis letal de barbitúricos, y sigue impunemente ayudando a morir a enfermos incurables que le piden sus servicios.

Igualmente, en los últimos años se han hecho muy populares los *testamentos en vida,* en los que el interesado, apuntando a su prerrogativa de morir con dignidad, instruye a sus familiares, a los médicos y a las autoridades a que no se le prolongue la vida biológica ni el proceso de la muerte con ningún tipo de medidas ni de tratamientos médicos, en la eventualidad de que sufra una enfermedad incurable, carezca de la mínima expectativa razonable de recuperación, y sea incapaz de tomar decisiones o de expresar sus deseos.

Recientemente han surgido movimientos muy activos a favor de la legalización de la eutanasia, como respuesta a la divulgación del derecho de la persona a morir de acuerdo con sus propios términos y deseos. Si esta legitimación de la muerte voluntaria llegara a ocurrir, les sería permitido a los médicos quitarle la vida sin dolor, como un acto compasivo, a quienes sufriendo de enfermedades incurables así lo deseen.

La cuestión de si la persona tiene o no el derecho inalienable a decidir cuándo y cómo quiere terminar su vida provoca amargas emociones e intensas polémicas en nuestra sociedad. Pues mientras muchos están convencidos de que la opción de morir constituye una de las libertades cívicas más básicas y elementales, otros consideran que la muerte provocada, aunque sea voluntariamente y en personas cuerdas que sufren de una aflicción dolorosa e incurable, es algo intrínsecamente inmoral e intolerable en una sociedad civilizada.

Es importante aclarar que el suicidio motivado por la enfermedad mental no forma parte del presente debate, pues es evidente que para poder tomar la decisión racional de terminar con la propia vida, el individuo no puede estar influenciado por serias alteraciones mentales como las que ocurren, por ejemplo, bajo un estado de intoxicación por drogas o alcohol, durante una psicosis, o bajo los efectos de una depresión grave. La sociedad, por consiguiente, ha considerado históricamente a esta clase de suicidio sintomático de trastornos psicológicos fuera del mundo de la controversia ética y dentro del dominio de la patología psiquiátrica, al juzgarlo, por definición, como un acto irracional.

La idea de la eutanasia o la muerte digna, misericordiosa y sin dolor, asistida o provocada por un médico, es muy antigua y fue recomendada por Platón y Aristóteles, entre otros. Se dice que el mismo Sócrates, quien opinaba que el suicidio era un privilegio exclusivo de los filósofos, vivió sus últimos días recluido en la prisión razonando su filosofía de la vida con sus alumnos y amigos. Cuentan que incluso después de beber la copa fatal de cicuta, este gran hombre y valiente pensador, manteniéndose tranquilo de cuerpo y espíritu, con sus últimas palabras pidió que se dieran gracias al Dios de la Curación, pues consideraba que la muerte era la cura de la vida.

Esta noción de final caritativo se basa en la teoría de que la muerte no es un enemigo de toda la humanidad. Para quienes la vida se ha convertido irreversiblemente en una carga insoportable, en un martirio, la muerte es más bien un amigo. De hecho, los médicos tienen una larga tradición de dejar morir a ciertos pacientes graves de edad avanzada que se encuentran en estado terminal y sin esperanzas de cura. Por ejemplo, a menudo se dice que la pulmonía es la *amiga del hombre mayor,* porque afecta con frecuencia a personas ancianas que sufren de apoplejía o de otras enfermedades debilitantes e incurables y, si se deja sin tratamiento, permite que el dolitente muera por lo general sin dolor y en pocos días.

Generalmente se distinguen dos clases de eutanasia. La primera, pasiva o indirecta, implica que el galeno se abstiene de intervenir para salvarle la vida al afligido, o se limita a descontinuar las medidas artificiales que le mantienen con vida. La segunda forma, activa o directa, supone que el médico intencionalmente le provoca al enfermo la muerte sin dolor. Aunque algunos expertos señalan diferencias éticas importantes entre estos dos procedimientos, no obstante, una vez que se está de acuerdo con la decisión de dejar morir a un enfermo terminal que así lo quiere, no resulta difícil argumentar que los doctores deberían seguidamente facilitarle la muerte más digna, rápida y placentera que puedan. Por ejemplo, si a petición de un enfermo tetrapléjico que ha perdido irreversiblemente la capacidad de respirar por sí mismo y desea morir, el médico desconecta el pulmón artificial que lo sustenta, la muerte es segura. Pero ¿no sería más humanitario y compasivo administrarle a este paciene una dosis letal de un sedante o narcótico que le permitiera morir tranquilo y sin dolor, en lugar de provocarle un final lento y angustioso por asfixia? En estos casos, numerosos pensadores rechazan cualquier distinción ética o moral entre dejar morir a un paciente sin solución o quitarle la vida.

De todos modos, todavía son muchos los doctores y

profanos que temen que permitirle a un profesional dejar morir o quitarle la vida a otro ser humano, aunque éste lo haya pedido y esté en su sano juicio, es robarle valor a la vida, deshumanizar al médico, e imputarle al galeno un poder superior al de la misma naturaleza. Otros citan por añadidura el juramento de Hipócrates de hace 2.500 años: «Sólo seguiré el tratamiento que, de acuerdo con mi habilidad y juicio, considere que beneficia a mis pacientes, y me abstendré de utilizar cualquier método que sea perjudicial o incorrecto... Nunca proporcionaré una droga mortal a persona alguna, aunque lo solicite, ni tampoco insinuaré semejante acción.»

Hay gente que se opone vehementemente a la opción de morir por razones religiosas. Para estas personas, la prohibición divina de la muerte asistida y de la eutanasia es tan clara y absoluta que cualquier relajación de este principio es totalmente inaceptable. La oposición por parte de la mayoría de las religiones cristianas brota de la convicción de que sólo Dios da la vida y, por tanto, solamente Él la puede quitar. Asimismo, estos creyentes aducen que, indcpendientemente del sufrimiento de la persona y de la incurabilidad de su aflicción, provocar la muerte nunca constituye un acto compasivo ni misericordioso, pues la vida en sí es intrínsecamente valiosa. De forma parecida, la religión judía ortodoxa tampoco acepta el derecho a morir. Para esta fe, la existencia posee un valor infinito y el acortarla es siempre inmoral, pues incluso un minuto de vida tiene un precio incalculable.

También están quienes temen que si se legaliza el principio de que es más compasivo terminar con la vida de un enfermo incurable que dejarle sufrir, tal filosofía pueda luego desviarse de su objetivo y ser aplicada a la población de minusválidos. Este grupo de oposición recuerda sin ambages que quitarle la vida a personas que sufren «por su propio bien y el bien de la sociedad» era el lema que se popularizó en la Alemania de los años treinta y que resultó en experimentos humanos salvajes, en las trágicas ejecuciones masivas de ciudadanos para «purificar la raza» y en el genocidio nazi.

De la misma forma, aunque sin llegar tan lejos, otros razonan que el que la sociedad acepte la noción de que la medicina pueda disponer de la vida de un enfermo traerá como consecuencia la devaluación de la existencia humana, y facilitará una forma de *eutanasia social* motivada por la conveniencia económica. Específicamente, se teme que en sociedades donde colectivos importantes de la población carecen de seguro de enfermedad o de recursos para afrontar los enormes costos de los cuidados médicos avanzados, las instituciones sanitarias lleguen a negar a las personas de condición económica baja los tratamientos caros de alta tecnología que requieren ciertas enfermedades graves.

En el mismo sentido, otros tienen miedo a que incluso algunos enfermos vulnerables que se sienten deprimidos, o preocupados por la carga económica y emocional que su dolencia supone para la familia, interpreten la opción de morir como un deber, y se vean oligados a solicitar la eutanasia por temor a que sus allegados les consideren egoístas o, simplemente, cobardes.

En tiempos de desgracias y tragedias, la familia constituye ciertamente la fuente principal de apoyo para la mayoría de las personas. Al mismo tiempo, los familiares juegan un papel fundamental en la opción de morir, especialmente cuando se trata de un enfermo mentalmente incapacitado. Porque son los parientes quienes mejor conocen los valores y deseos del moribundo. Ante el deterioro físico lento, doloroso e irremediable del doliente, los familiares que le cuidan suelen experimentar sentimientos tan abrumadores como conflictivos. Pues simultáneamente se consuelan al ver los beneficios de sus cuidados, se entristecen ante la pérdida de un ser querido y se angustian profundamente al no poder evitar, consciente o inconscientemente, el deseo de que el sufrimiento termine, de que llegue el final.

Aparte del drama personal, el morir es también un rito social en muchos sentidos. Hace años era corriente que los enfermos terminales eligieran morir en el hogar, y no trataran de acelerar el final ni tampoco de prevenirlo. Una vez que el doliente presentía la llegada de la agonía, no era raro que llamara ceremoniosamente a los familiares y amigos, y los reuniera para desde el lecho de muerte comunicarles las instrucciones finales y expresar sus últimas palabras y deseos. Después de hablar brevemente con cada uno de los presentes, de distribuir sus bienes y de decir juntos algunas oraciones, el moribundo solía asumir una postura ritualista, como yacer en la cama con la mano en el pecho, en espera de la muerte. Los acompañantes, a su vez, velaban sin descanso al agonizante, y con rezos, cantos y su presencia le daban prueba de su cariño, apoyo y respeto hasta que fallecía.

Hoy día, con excepción de algunos pacientes terminales que optan por fallecer en casa, el ritual de la muerte es diferente, sobre todo en los hospitales de las ciudades. Los extraordinarios avances de la tecnología médica y los cambios en la estructura de la sociedad que han resultado en una unidad familiar reducida y autónoma han contribuido a deshumanizar el proceso de la muerte. Así por ejemplo, en situaciones en las que hace años se le hubieran aplicado con ternura compresas frías al paciente agonizante o, simplemente, se le hubiera cogido la mano para confortarle, hoy se usan todo tipo de órganos y vías artificiales que permiten mantener activas sus funciones vitales y sus constantes bioquímicas equilibradas. Mientras que los enfermos de antaño fallecían frecuentemente en el hogar, rodeados de familiares y amigos, los de ahora expiran en las grandes instituciones sanitarias de las capitales, solos, conectados a un sinfín de tubos, líneas vitales de sustentamiento. En el presente, no sólo es difícil morir en paz en el hospital, sino que resulta imposible vivenciar el ritual personal y social de la muerte. Porque, por lo general, la cultura hospitalaria no permite al enfermo presentir la agonía ni a los familiares participar de los últimos momentos.

Son muchos quienes piensan que el ejemplo más claro de victimización del ser humano a manos de la alta tecnología moderna es la muerte en el hospital. Como sugirió sutilmente el sociólogo Joseph Fletcher, mantener a una persona viva sin considerar sus sentimientos ni su dignidad es una forma de idolatría biológica, «un fetichismo cruel que niega la condición finita de la existencia humana a cambio de una aventura faustiana a costa de la persona que muere».

La intensidad y la amargura del debate actual sobre el derecho a morir con dignidad disminuiría considerablemente si la sociedad, los médicos y los políticos de la sanidad prestaran mayor atención a cómo mitigar el dolor y el sufrimiento del enfermo, si concedieran a los valores y deseos del doliente el respeto y la estima que se merecen, y si enfocaran la muerte del ser humano con más compasión e indulgencia.

Es evidente que los avances de la tecnología y la ciencia médica moderna han contribuido a la victoria casi milagrosa de la supervivencia del hombre y la mujer de nuestros tiempos. Pero, simultáneamente, han deshumanizado implacablemente el proceso de la muerte. En su empeño por dominar el aspecto más indómito de la naturaleza, pocos presagiaron que detrás de la promesa de una larga vida se ocultaba la amenaza de una muerte lenta. La opción de morir es sin duda el justo precio de este olvido.

17. La *empatía:* el último desafío

La capacidad de pensar objetivamente es la razón, la actitud emocional detrás de la razón es la humildad. Ser objetivo y utilizar la razón sólo es posible si uno ha alcanzado una actitud de humildad, si uno se ha escapado de los sueños de omnipotencia de la infancia.

Erich Fromm, *El arte de amar,* 1956.

La vida es difícil. Pero las dificultades de la existencia se pueden vencer si reconocemos las causas y eliminamos los obstáculos que se interponen en nuestro camino. Estas son, sin rigurosa exactitud, las *Cuatro Verdades Nobles* de las enseñanzas de Buda.

En nuestro tiempo, el narcisismo es la barrera que con más frecuencia se atraviesa en la senda que nos lleva a enfrentarnos y vencer los desafíos que nos plantea la vida de la ciudad. La razón es que el narcisismo y sus derivados, el egocentrismo, la grandiosidad y el absolutismo, son la antítesis de la *empatía,* la capacidad de participar genuinamente y con afecto de la realidad ajena. Y la *empatía* es la condición *sine qua non* para conocer y superar estos retos y conflictos.

El narcisista está ensimismado, como extasiado consigo mismo, no se puede relacionar ni mucho menos identificar con otra persona sin verla como una extensión de sí mismo, sin borrar o destruir su identidad separada. Incapaz de admirar a los héroes o de compadecerse de las víctimas, el narcisista no puede ni siquiera interrumpir o suspender temporalmente la desconfianza y la incredulidad que le haría posible entrar con afecto, imaginación e imparcialidad en la vida de los demás, vivenciar sus circunstancias y aceptar su existencia independiente.

Cada era produce su forma única y peculiar de patología psicosocial, como señaló Christopher Lasch en *La cultura del narcisismo*. Generalmente, el mal de una época suele manifestarse en la expresión exagerada de los rasgos del carácter de los hombres y mujeres que forman la sociedad del momento. A principios de siglo, la histeria y la neurosis obsesiva fueron los tipos de personalidad predominantes en una cultura que se caracterizaba por la devoción fanática hacia el trabajo, y la represión inexorable de la sexualidad. En nuestra era de culto al individuo, a sus libertades y a su cuerpo, la dolencia que padecen las urbes de Occidente es sin duda el narcisismo.

La personalidad narcisista implica un sentimiento de prepotencia y de supremacía moral, la convicción de que el ser humano es el centro del universo, superior a todas las demás criaturas vivientes, dueño total de sí mismo, poseedor de la verdad absoluta. Sin embargo, al igual que el joven Narciso de la leyenda griega, tan enamorado de sí mismo que se ahogó en su intento fútil de abrazar su reflejo en el agua del estanque, para el hombre y la mujer de hoy las consecuencias del narcisismo son ominosas.

El narcisismo está profundamente arraigado en el ser humano. La conciencia y preocupación exclusivas por uno mismo, y la incapacidad para percibir a los demás como individuos separados, forman parte del desarrollo psicológico normal durante la primera etapa de la vida, cuando el niño pequeño sólo se percata y es consciente de su propio cuerpo y de sus necesidades. Sin embargo, en la sociedad actual, los atributos narcisistas sobrepasan la niñez y también florecen en los adultos. Ciertamente, la ecología de la urbe, con la ayuda de los medios de comunicación de masas, nutre y estimula constantemente el egocentrismo, exalta el poder, fomenta el personalismo, demanda la perenne juventud, celebra la perfección y glorifica la cultura del dinero y del consumo.

Las actitudes narcisistas, aunque forman una parte patológica integrante de la cultura urbana de hoy, resultan paralelamente muy útiles como revestimiento protector o defensa psicológica contra la conciencia de vulnerabilidad, la desconfianza en el futuro y la baja estima de la persona. De hecho, para muchos, el carácter narcisista a menudo constituye la mejor manera de compensar los sentimientos de pequeñez y de impotencia. Esta es sin duda la razón por la cual el narcisismo, la obsesión de grandiosidad y omnipotencia del hombre de nuestros días, ha sobrevivido las ofensivas implacables y repetidas de la evidencia.

Hace años, Sigmund Freud enumeró tres golpes graves que ha sufrido el narcisismo del ser humano a manos de la civilización y de los avances de la ciencia. El primero fue el asalto *cósmico* contra la antigua ilusión de que el mundo, la morada del hombre, era el centro del Universo. Nicolás Copérnico propinó este golpe al descubrir en el siglo XVI que el Sol y los planetas no giraban alrededor de la Tierra como se asumía, sino que era al revés, la Tierra rota alrededor del Sol, del que además depende para sustentar la vida.

La segunda acometida fue el golpe *biológico* a manos de Charles Darwin, quien en el siglo XIX demostró el origen evolutivo de la especie humana y echó por tierra la deificación de la persona. El impacto de este descubrimiento fue profundamente humillante y duradero, pues el hombre, en su grandiosa e infatigable persecución de la supremacía absoluta, se había distanciado más y más del resto de la fauna, y había roto sus lazos biológicos con el reino animal, negándole a sus miembros la capacidad de razonar mientras que él mismo se adjudicaba un origen divino y un alma inmortal.

La tercera ofensiva contra el narcisismo fue el ataque *psicológico* a manos del mismo Sigmund Freud a principios de este siglo. En esta ocasión, el descubrimiento metódico del poder extraordinario del inconsciente humano sobre el pensamiento y la conducta destruyó para siempre la creencia mítica de que el hombre era, en todo momento, dueño y señor de su mente y de sus actos.

La siguiente acometida contra la omnipotencia del ser humano, no mencionada por Freud pero quizá la de mayor relevancia para nuestro tema, tuvo como blanco el absolutismo. Este rasgo narcisista alimenta el abordaje inflexible, arrogante y categórico del hombre contemporáneo hacia los dilemas de la vida. Albert Einstein fue el responsable de este cuarto golpe, que pudiéramos llamar *físico,* con su teoría de la relatividad formulada a principios de siglo. Aparte de los complicados aspectos técnicos de la teoría, que exceden claramente de mi ámbito de experiencia, la relatividad nos muestra, por ejemplo, cómo la percepción de un fenómeno exacto y constante como la luz de las estrellas o la velocidad del tiempo varía dependiendo de dónde se sitúe el observador.

Si relacionamos y extendemos, de una forma imaginaria, estos cuatro descubrimientos antinarcisistas memorables o ataques de la sabiduría y la civilización contra el narcisismo, al arte humano de enfrentarnos a los desafíos y conflictos que nos presenta la vida de la ciudad, se podría decir que la solución de estos problemas se encuentra en el conocimiento, en la humildad y en superar nuestras defensas egocentristas. Es decir, en aceptar sencillamente que somos parte de muchos, una mera fracción del Universo, que estamos sujetos a un proceso imparable de evolución y de progreso, y que existen fuerzas desconocidas o inconscientes que no controlamos pero que influencian poderosamente nuestras necesidades, deseos, actitudes y conductas.

Pero la superación de estos desafíos está vinculada sobre todo a que admitamos que, como ocurre con la luz de las estrellas, nuestra percepción de la esencia del complejo mundo que nos rodea es relativa y depende de dónde nos situemos, del *punto de vista,* o dicho de otra forma, de nuestra capacidad de *empatía.*

En efecto, tanto si nos enfrentamos a la tragedia de los enfermos mentales que habitan en nuestras calles como al conflicto de las drogas, si aceptamos el duelo del sida o el reto que nos plantean la homosexualidad y las minorías étnicas, si luchamos con el amargo dilema del aborto o con la opción de la eutanasia, si intentamos vencer los estereotipos perniciosos de la vejez o las ilusiones malignas de la eterna juventud o la perfecta belleza, para lograr superar con éxito estos grandes desafíos no tenemos más remedio que adoptar una actitud de humildad y utilizar la *empatía.* Después de todo, estos conflictos y dilemas no se resuelven con pancartas en la calle ni con leyes en los tribunales, sino en los corazones y las mentes de los hombres y mujeres.

Una vez que abandonamos el talante prepotente de la última palabra, desechamos el abordaje simple y absolutista del bueno y del malo, aceptamos sobriamente la inevitabilidad del conflicto, y adoptamos una posición de sincera tolerancia y respeto hacia los demás y sus circunstancias, nos habilitamos y nos fortalecemos al sentirnos parte de un todo que es mayor. Al mismo tiempo, dejamos de ver al prójimo como objetos cuya única función es satisfacer nuestras necesidades y comenzamos a entenderlos, a conocerlos y a interesarnos verdaderamente por ellos y por su mundo.

Porque sólo cuando aceptamos que la otra persona es única e individual, que está ahí, fuera de nosotros, y la conocemos y entendemos, podemos sentir *empatía* y ubicarnos con cariño y comprensión en su encrucijada. Como escribió Paracelso, el médico suizo del siglo XV, «el que no conoce nada, no ama nada; el que no entienda nada no ve nada; pero el que conoce y entiende, también ama, ve... Cuanto más se comprende algo, más se puede amar... Quienes se imaginan que todos los frutos maduran al mismo tiempo que las fresas, no saben nada de las uvas».

Bibliografía

La lista de trabajos que sigue incluye las obras citadas en el texto y otras que me han sido especialmente útiles.

ADAMS, B. N.: *The American Family: A Sociological Interpretation,* Chicago, Markhan Publishing Co., 1971.

ALTHEIDE, D. L.: *Media Power,* Beverly Hills, California, Sage Publications, 1985.

ALLPORT, G. W.: *The Nature of Prejudice,* Nueva York, Doubleday Books, 1958.

ANGELL, M.: «A Dual Approach to the Aids Epidemic», *The New England Journal of Medicine,* 324, 1.498-1.500, 1991.

ARADILLAS, A.: *El divorcio en España,* Barcelona, Luis de Caralt Editor, 1977.

BAKALAR, J. B., y GRINSPOON, L.: *Drug Control in a Free Society,* Nueva York, Cambridge University Press, 1984.

BAYER, R.: *Homosexuality and American Psychiatry,* Princeton, Nueva Jersey, Princeton University Press, 1987.

BEAUVOIR, Simone de: *La Vieillesse,* París, Editions Gallimard, 1970. Trad. española: *La vejez,* Barcelona, EDHASA, 1989.

BECKER, E.: *The Denial of Death,* Nueva York, The Free Press, 1973.

BIEBER, I.: *Homosexuality,* Nueva York, Vintage Books, 1962.

BOWLBY, J.: *Attachment and Loss,* Nueva York, Basic Books, Inc., 1969.

BRECHER, E.: *Love, sex and aging,* Boston, Little Brown, 1984.

BROWNMILLER, S.: *Feminity,* Nueva York, Simon & Schuster, 1984.

CALDER, N.: *Einstein's Universe,* Nueva York, Penguin Books, 1980.

CALHOUN, J. B.: «Population Density and Social Pathology», *Scientific American,* 206, 139-148, 1962.

CALVO BUEZAS, T.: *El racismo que viene,* Madrid, Editorial Tecnos, 1990.

CAMUS, A.: *La peste,* Librairie Gallimard, 1947. Trad. española: Barcelona, EDHASA, 1988.

CAMUS, A.: *The Stranger,* Nueva York, Vintage Books, 1989. Trad. Española: *El extranjero,* Madrid, Alianza, 1989.

COUSINS, A. N., y NAGPAUL, H.: *Urban Man and Society,* Nueva York, Alfred A. Knopf, 1970.

CURRIE, E.: *Confronting Crime,* Nueva York, Pantheon Books, 1985.

DANIELS, R., y KITANO, H.: *American Racism,* Englewood Cliffs, Nueva Jersey, 1970.

DAGG, P. K. B.: «The Psychological Sequelae of Therapeutic Abortion: Denied and Completed», *American Journal of Psychiatry,* 148, 578-585, 1991.

DARWIN, C.: *The Origin of Species,* Nueva York, Collier Books, 1962. Trad. española: *El origen de las especies,* Madrid, Espasa-Calpe, Colección Austral (nueva serie), núm. 16, 1987.

DENNEY, M. K.: *A Matter of Choice,* Nueva York, Simon & Schuste, Inc., 1983.

DOHRENWEND, B. S., y DOHRENWEND, B. P.: *Stressful Live Events: Their Nature and Effects,* Nueva York, John Wiley and Sons, 1974.

DURKHEIM, E.: *Selected Writings,* Nueva York, Cambridge University Press, 1972.

ERIKSON, E. H.: *Life History and the Historical Moment,* Nueva York, W. W. Norton, 1978.

ERIKSON, E. H.; ERIKSON, J. M., y KIVNICK, H. Q.: *Vital Involvement in old age,* Nueva York, W. W. Norton, 1989.

FISCHER, C. S.: *Te Urban Experience,* Nueva York, Harcourt Brace Jovanovich Publishers, 1984.

FLETCHER, J.: «Medical Resistance to the Right to Die».

FORSSMAN, H. y THUWE, I.: «One Hundred and Twenty Children Born After Application for Therapeutic Abortion Refused», *Acta Psychiatrica Escandinava,* 423, 71-78, 1966.

FOWLES, J.: *Television Viewers vs. Media Snobs,* Nueva York, Stein and Day Publishers, 1982.

FRANK, J. D.: *Persuation and Healing,* Nueva York, Schocken Books, 1974.

FREUD, S.: *Civilization and its Discontents,* London, Hogarth Press, 1930. Trad. española: *El malestar en la cultura,* Madrid, Alianza, 1988.

FREUD, S.: *Obras completas,* Madrid, Editorial Biblioteca Nueva, 1948.

FREUD, S.: *Three Essays on the Theory of Sexuality (1925),* Londres, Hogarth Press, 1953. Trad. española: *Tres ensayos sobre teoría sexual,* Madrid, Alianza, 1987.

FREUD, S.: «Una dificultad de psicoanálisis», *Obras completas,* Madrid, Editorial Biblioteca Nueva, 1948.

FROMM, E.: *The Art of Loving,* Nueva York, Harper & Row, 1956. Trad. española: *El arte de amar,* Barcelona, Paidós Ibérica, 1989.

FROMM, E.: *The Anatomy of Human Destructiveness,* Nueva York, Henry Holt, 1973. Trad. española: *Autonomía de la destructividad humana,* Madrid, Siglo XXI España, 1987.

FROMM, E.: *To Have or to Be,* Nueva York, Harper & Row Publishers, 1976. Trad. española: *Tener o ser,* México, FCE, 1984.

FUENMAYOR, A.: *Divorcio: legalidad, moralidad y cambio social,* Pamplona, EUNSA, 1981.

GRAUBARD, S. R.: *Living With AIDS,* Cambridge, Massachusetts, Daedalus, vol. 118, 1989.

HIPÓCRATES: *The Law,* Chicago, Great Books of the Western World. Encyclopedia Britannica, Inc., 1952.

HOLTON, G.: *Albert Einstein: Historical and Cultural Perspectives,* Princeton, Nueva Jersey, Princeton University Press, 1982.

HORNEY, K.: *Neurosis and Human Growth,* Nueva York, Norton and Company, 1950.

HORNEY, K.: *The Neurotic Personality of Our Time,* Nueva York, W. W. Norton & Co., 1937. Trad. española: *La personalidad neurótica de nuestro tiempo,* Barcelona, Paidós Ibérica, 1987.

HUMPHREY, D.: *The Last Exit,* Nueva York, Hemlock Society, Carol Publishers, 1991.

HUNT, M., y HUNT, B.: *La experiencia del divorcio,* Barcelona, EDHASA, 1979.

JAMES, W.: *The Principle of Psychology,* Nueva York, Dover Publications, 1918.

JONES, E.: *The Life and Work of Sigmund Freud,* Nueva York, Basic Books, 1957. Trad. española: *Vida y obra de Sigmon Freud,* Barcelona, Anagrama, 1981 (3 vols.)

JOSEPHSON, E.: *Man Alone, Alienation in Modern Society,* Nueva York, Dell Publishing, 1962.

KAFKA, F.: *The Hunger Artist,* Nueva York, Selected Stories of Franz Kafka, University Publishing, 1952.

KEVORKIAN, J.: *Prescription Medicine, The Goodness of Planned Death,* Nueva York, Prometheus Books, 1991.
KINSEY, A.: *Sexual Behavior in the Human Male,* Filadelfia, Saunders, 1948.
KOHUT, H.: *The Analysis of the Self,* Nueva York, International University Press, 1971.
KOSCHLAND, D. E.: «The Omnipotence Scandal», *Science,* 238, 1.335, 1987.
KRAMER, L.: *Reports from the Holocaust: The Making of an AIDS Activist,* Nueva York, St. Martin Press, 1989.
KUBLER-ROSS, E.: *On Death and Dying,* Nueva York, Macmillan Publishing Company, 1969.
LAMB, H. R.: *The Homeless Mentally Ill. Washington D. C.,* American Psychiatric Association Press, 1984.
LASCH, C.: *The Culture of Narcissism,* Nueva York, W. W. Norton, 1978.
McLUHAN, M.: *Understanding Media: The Extensions of Man,* Nueva York, McGraw-Hill, 1965.
MEDALIE, J. H., y GOLDBOURT, U.: «Angina Pectoris among 10.000 Men II, Psychosocial and Other Risk Factors», *American Journal of Medicine,* 60, 910-921, 1976.
MONCADA, A.: *La crisis de los cuarenta,* Barcelona, Plaza & Janés Editores, 1984.
MONTAIGNE, M. E.: *The Complete Essays,* Stanford, Stanford University Press, 1958.
MUMFORD, L.: *In the Name of Sanity,* Nueva York, Harcourt Brace Jovanovich Publishers, 1954.
MUMFORD, L.: *The City in History,* Nueva York, Harcourt Brace Jovanovich Publishers, 1961.
MUMFORD, L.: *The Transformations of Man,* Nueva York, Harper, 1956.
NEWCOMB, H.: *Television, the Critical View,* Nueva York, Oxford University Press, 1976.

PARACELSO: Citado en *El arte de amar,* Erich Fomm.

PHILLIPS, K. A.: «Body Dismorphic Disorder: The Distress of Imagined Ugliness», *American Journal of Psychiatry,* 148, 1.138-1.149, 1991.

QUINDLEN, A.: «The Glass Eye», *The New York Times,* 18 diciembre, 1991.

ROJAS MARCOS, L.: «Dysfunctions in Pyschiatric Bureaucracies», *American Journal of Psychiatry,* 145, 331-334, 1988.

ROJAS MARCOS, L.: *La decisión de divorciarse,* Madrid, Espasa Calpe, Colección Austral, núm. 1.673, 1986.

ROJAS MARCOS, L.: «The Power of the Media», *The American Journal of Psychiatry,* 146, 1.185-1.189, 1989.

ROJAS MARCOS, L.: *Who Profits from Deinstitutionalization,* Hospital and Community Psychiatry, 40, 1.221, 1989.

ROJAS MARCOS, L., y COHEN, L. N.: «Taking the Suspected Mentally Ill off the Streets to Public General Hospitals», *The New England Journal of Medicine,* 315, 1.158-1.161, 1986.

— COHEN, N. L.; NARDACCI, D., y BRITTAIN, J.: «Psychiatry Takes to the Strrets», *The American Journal of Psychiatry,* 147, 1.557-1.561, 1990.

ROTH, M., y KROLL, J.: *The Reality of Mental Illness,* Nueva York, Cambridge University Press, 1986.

SCHWARTZ, B. N., y DISCH, R.: *White Racism,* Nueva York, Dell Publishing Company, 1970.

SENNETT, R.: *Classic Essays on the Culture of the Cities,* Englewood Cliffs, Nueva Jersey, Prentice-Hall, Inc., 1969.

— *The Conscience of the Eye: The Design and Social Life of Cities,* Nueva York, Alfred A. Knopf, 1990.

SHOEMAKER, D. J.: *Theories of Delinquency,* Nueva York, Oxford University Press, 1990.

SHOSTAK, A. B., y McLOUTH, G.: *Men and Abortion,* Nueva York, Praeger Publishers, 1984.

SIMMEL, G.: *The Metropolis and Mental Life. In: Classic Essays on the Culture of Cities, by Richardz Sennet. Englewood Cliffs,* Nueva Jersey, Prentice-Hall, Inc., 1969, páginas 47-60.

SKOLNICK, A.: *Embattled Paradise,* Nueva York, Basic Books, 1991.

SOCARIDES, C.: *Beyond Sexual Freedom,* Nueva York, Quadrangle Books, 1975.

SPIEGEL, D.; BLOOM, J. R., et al.: «Effect of Psychosocial Treatment on Survival of Patients with Metastatic Breast Cancer», Lancet, núm. 2, 888-891, 1989.

STORR, A.: *Human Aggression,* Nueva York, Bantam Books, 1970.

SZASZ, T.: *Insanity, the Idea and its Consequences,* Nueva York, John Wiley and Sons, 1987.

TEMPRANO, E.: *La caverna racial europea,* Madrid, Ediciones Cátedra, 1990.

THOMASMA, D. C., y GRABER, G. C.: *Euthanasia, Toward and Ethical Social Policy,* Nueva York, Continuum Publishing Co., 1990.

VAILLANT, G. E.: *Adaptation to life,* Boston, Little Brown, 1977.

WALLERSTEIN, J. S., y KELLY, J. B.: *Suviving the Break-up,* Nueva York, Basic Books, Inc., 1980.

WEBER, M.: *The City,* Nueva York, The Free Press, 1958.

WHEELER, H. B.: «Shattuck Lecture, Healing and Heroism», *The New England Journal of Medicine,* 322, 1.540-1.548, 1990.

WEISS, R. S.: *Marital Separation,* Nueva York, Basic Books Inc., 1975.

WHITE, K. L.: *The Task of Medicine,* Merlo Park, California, Kaiser Fondation, 1988.

WOLF, N.: *The Beauty Myth,* Nueva York, William Morrow and Company, 1991.

ZARRALUQUI, L.: *Divorcio, defensa del matrimonio,* Barcelona, Bruguera, 1980.

ZINBERG, N. E.: *Drug, Set and Setting,* New Heaven, Yale University Press, 1984.